毛泽东在1949年

MAO ZE DONG
ZAI 1949 NIAN

杨冬权⊙著

中国文史出版社

图书在版编目（CIP）数据

毛泽东在 1949 年 / 杨冬权著 . -- 北京 : 中国文史出版社 , 2019.1
ISBN 978-7-5205-0225-2

Ⅰ . ①毛… Ⅱ . ①杨… Ⅲ . ①毛泽东（1893-1976）- 生平事迹 Ⅳ . ① A751

中国版本图书馆 CIP 数据核字（2018）第 077829 号

责任编辑：戴小璇

出版发行：中国文史出版社
社　　址：北京市海淀区西八里庄 69 号院　**邮编：**100142
电　　话：010-81136606　81136602　81136603（发行部）
传　　真：010-81136655
印　　装：廊坊市海涛印刷有限公司
经　　销：全国新华书店
开　　本：1/16
印　　张：11.75
字　　数：124 千字
版　　次：2019 年 1 月北京第 1 版
印　　次：2022 年 8 月第 5 次印刷
定　　价：45.00 元

目录 Contents

一、将革命进行到底

1949 年，在中国历史上，是决定中国历史走向的重要一年。这一年，中国共产党领导人民军队解放了全国大部分地区，建立了中华人民共和国。从此，中国历史揭开了不同以往的新的篇章。

▲ 1949 年的毛泽东

1949年第一天，新华社发表的毛泽东撰写的一篇文章，则是决定中国历史走向的一篇重要文章。正是这篇文章，在国际国内都有人希望中国人民解放军止步长江、中国共产党与中国国民党“划江而治”的形势下，发出了“将革命进行到底”的伟大号召，激励人民解放军把解放的旗帜插遍了长江南北，实现了中国的统一，开辟了中国又一个各族团圆的一统盛世。

1 毛泽东的新年献词

1949年1月1日，中国解放区的军民从《人民日报》上看到了新华社的元旦献词，题目十分抢眼，也十分新鲜，叫《将革命进行

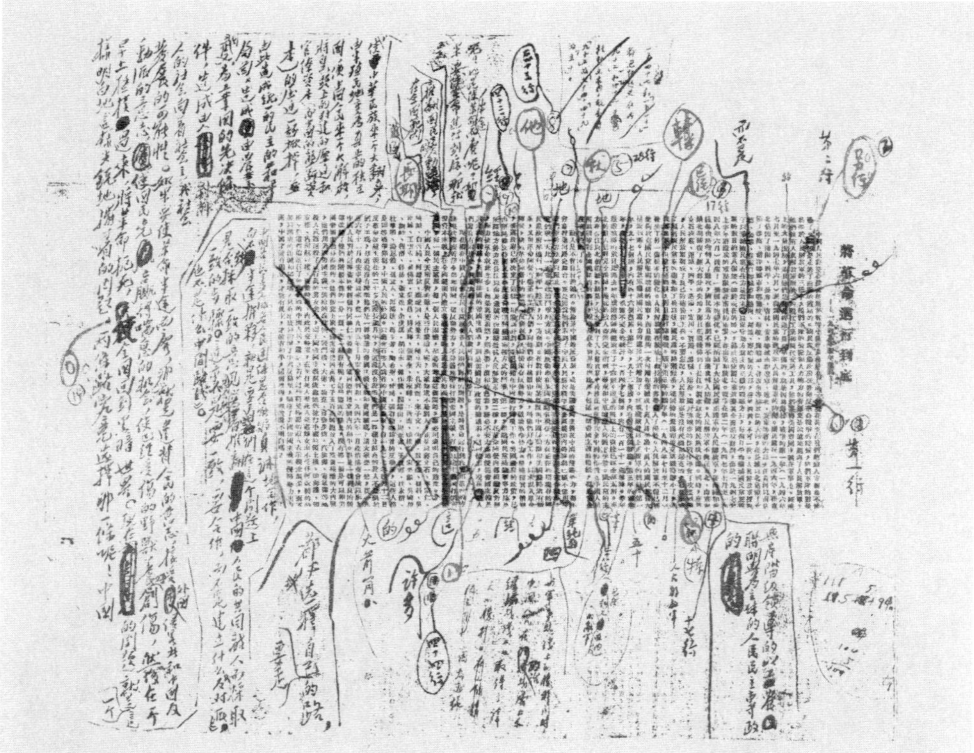

▲ 1948年12月毛泽东撰写的《将革命进行到底》的修改稿 1

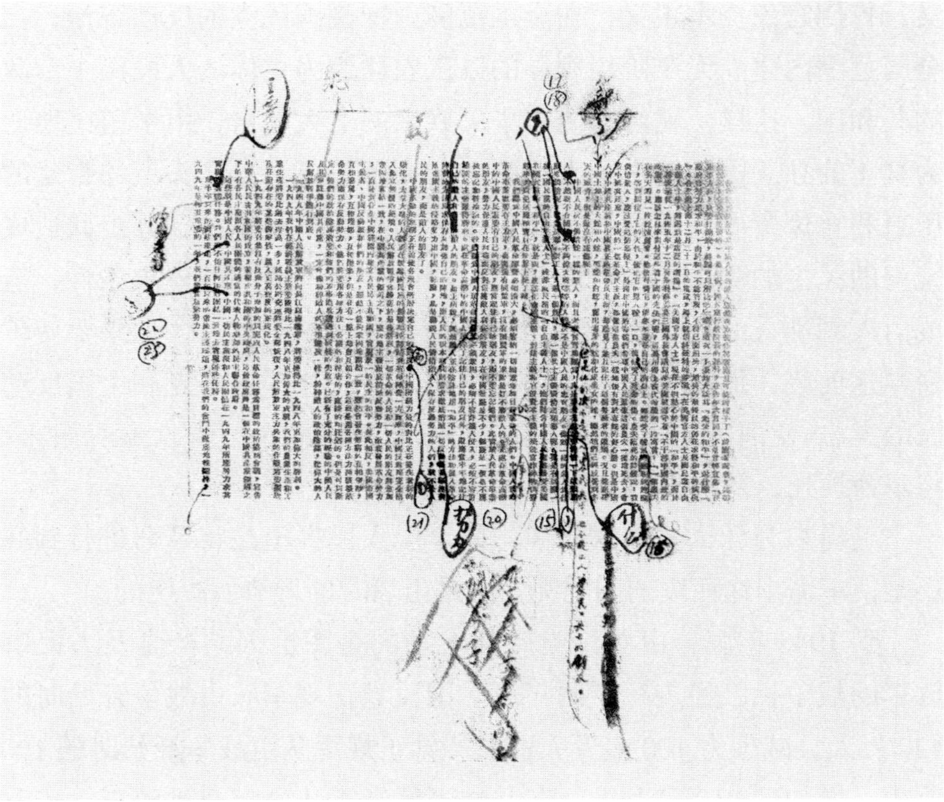

▲ 1948 年 12 月毛泽东撰写的《将革命进行到底》的修改稿 2

到底》。这篇目光敏锐、思想深刻、说理透辟、文风犀利、十分具有冲击力的文章，是中国共产党中央委员会主席毛泽东花了两天时间亲手写成的。

在这篇新年献词中，毛泽东锐利地提出："现在摆在中国人民、各民主党派、各人民团体面前的问题，是将革命进行到底呢，还是使革命半途而废呢？"

针对这两个问题，毛泽东给中国描绘了两种截然不同的前景："如果要使革命进行到底，那就是用革命的方法，坚决彻底干净全部地消灭一切反动势力，不动摇地坚持打倒帝国主义，打倒封建主义，打倒官僚资本主义，在全国范围内推翻国民党的反动统治，在全国范围内建立无产阶级领导的以工农联盟为主体的人民民主专政的共和国。这样，就可以使中华民族来一个大翻身，由半殖民地变为真正的独立国，使中国人民来一个大解放，将自己头上的封建的压迫和官僚资本（中国的垄断资本）的压迫一起掀掉，并由此造成统一的民主的和平局面，造成由农业国变为工业国的先决条件，造成由人剥削人的社会向着社会主义社会发展的可能性。如果要使革命半途而废，那就是违背人民的意志，接受外国侵略者和中国反动派的意志，使国民党赢得养好创伤的机会，然后在一个早上猛扑过来，将革命扼死，使全国回到黑暗世界。”①

毛泽东为什么要在这时候，向全国人民提出是将革命进行到底还是使革命半途而废的问题呢？这是由当时的形势所决定的。

到1948年底，由国民党政府发动的企图消灭共产党及人民解放军的战争，已经进行了两年半。国民党正规军队由战争开始时的430万人，减少为100多万人；共产党正规军队由战争开始时的120万人，增加到210多万人。东北的国民党军队已完全被消灭；华北的国民党军队已处于人民解放军的完全包围中，即将被消灭；华东和中原的国民党军队只剩下少数。国民党军队的主力在长江中下游以北已经被消灭，长江中下游以北的主要地区已经被共产党领导的人民解放军所解放，成为解放区。国民党军队的100多万残余部队，分布在东起台湾、西到新疆的广大地区内和漫长战线上，已经不能组织系统并有效地防御了，更不用说像样的进攻了。发动这场战争的中国国民党总裁、国民政府总统蒋介石，已经丧失人心，众叛亲离。美国驻中国大使司徒雷登1948年快结束时在给美国国务院的报告中说：“除去蒋委员长的直属亲信人员和某些高级军官以外，没

①《毛泽东选集》第四卷第1375页，人民出版社1996年第二版。

有多少中国人继续心悦诚服地支持他了。这个政府，特别是蒋委员长——越来越众叛亲离了。”

在军事手段失利的形势下，国民党政府开始大谈“和平”，施放“和谈”烟幕弹，企图麻醉人民，为他们赢得喘息的时间；支持国民党政府的外国势力也在革命阵线内部组织反对派，极力使革命就此止步，或以温和的色彩进行，以确保帝国主义的在华利益。这些反动派，在这个时候，都开始装出了“可怜相”。

针对中外反动派的装可怜，毛泽东在新年献词中，向人们讲了一个著名的希腊寓言——《农夫和蛇》的故事：一个农夫在冬天看见一条蛇冻僵着。他很可怜它，便拿来放在自己的胸口上。那蛇受了暖气就苏醒了，等到恢复了它的天性，便把它的恩人咬了一口，使他受了致命的伤。农夫临死的时候说：“我怜惜恶人，应该受这个恶报。”

毛泽东坚定地表示，中国人民决不怜惜蛇一样的恶人。毛泽东针对那些劝说中国共产党停战议和的人们说：凡是劝说人民怜惜敌人、保存反动势力的人们，就不是人民的朋友，而是敌人的朋友了。

毛泽东预言：已经有了充分经验的中国人民及其参谋总部中国共产党，一定会像粉碎敌人的军事进攻一样，粉碎敌人的政治阴谋，把伟大的人民解放战争进行到底。

2 蒋介石的新年文告

同样在 1949 年 1 月 1 日，一向主演“武打戏”的国民党政府，今天却一改戏码，公开上演了一出“和平戏”。

这天上午，亲手发动了“剿共”内战的蒋介石，在南京总统府官邸举行了新年团拜会。前来团拜的有副总统李宗仁、行政院长孙科、立法院长童冠贤、监察院长于右任、总统府秘书长吴忠信等 60 多人。

他们都是国民党政府的重要人物。

虽然喜庆的新年团拜气氛应该是轻松的，但到会的每个人的心情却都是异常沉重的。因为国共两党的战局已经发生了从根本上不利于国民党的变化。

今天的蒋介石，一改往常的全身戎装，而穿了一身灰色长袍。这同他参加今天团拜会的主旨倒是符合的，因为他今天要向世人宣示的主题是“求和”。

团拜仪式的第一项，是由总统蒋介石致祝词。

蒋介石宣读了一篇《新年文告》，宣布愿与中国共产党“商讨停止战争、恢复和平的具体办法”。他字斟句酌、委婉曲折地说道：“只要和议无害于国家的独立完整，而有助于人民的休养生息，只要神圣的宪法不由我而违反，民主的宪政不因此而破坏，中华民国的国体能够确保，中华民国的法统不致中断，军队有确实的保障，人民能够维持其自由的生活方式与目前最低的生活水准，则我个人更无复他求。”

在写《将革命进行到底》一文时，毛泽东曾预先告诉人们：“值得注意的是，现在中国人民的敌人忽然竭力装作无害而且可怜的样子了（请读者记着，这种可怜相，今后还要装的）。”话音刚落，蒋介石的“求和”文告，就正好印证了毛泽东的预告。

针对蒋介石的“新年文告”，毛泽东为新华社写了《评战犯求和》《四分五裂的反动派为什么还要空喊“全面和平”？》等一系列评论，以嬉笑怒骂的笔调，揭穿国民党反动派上演的和谈假戏，把战犯为什么求和的真实目的剖析得淋漓尽致。

毛泽东针对蒋介石说的“有助于人民的休养生息”，评论说：“和平”必须有助于已被击败但尚未消灭的中国反动派的休养生息，以便在休养好了之后，卷土重来，扑灭革命。“和平”就是为了这个。打了两年半，“走狗不走”，美国人在生气，就是稍微休养一会儿也好。

确实，蒋介石“求和”，实在是万不得已的一种姿态。

还在上一年，也就是1948年的夏天，眼见人民解放军节节发展，气势日盛，国民党军队节节败退，气焰日消，为了阻止这种趋势的发展，国民党内便有一部分人主张停战谈判。美国驻华大使司徒雷登也向蒋介石建议，“与共产党成立协议，以谋求和平”，“把它当作一种思想战争”。蒋介石表示要“仔细考虑”。

但这场和平运动刚一露头，毛泽东便及时看穿。1948年7月18日，他修改审定了中共中央关于揭破敌人的和平阴谋的指示，指出：“反动派所谓和平运动，只是战争失败时求得喘息机会以利再战的阴谋计划。如果我们接受反动派的欺骗，停战议和，让其休养生息，然后被迫再打，我们就将受程度更大、时间更长的痛苦。”

不过，当时的蒋介石还不甘心公开求和，他一面施放和平运动的烟雾，一面于8月上旬秘密召开“军事检讨会议”，确定在政治上，动员全民积极实施总体战，全力“进剿”共产党军队；在军事上，在东北求稳定，在华北求巩固，在西北阻“匪”扩张，在华东、华中则加强“进剿”。

但是，蒋介石的这种全面动员，丝毫未能挽救颓势。1948年下半年，中国共产党同蒋介石集团展开了战略决战，并取得大决战的根本胜利。

面对败局，一向同蒋介石有矛盾的桂系首领李宗仁、白崇禧趁机以和谈为名，逼蒋介石下野。美国大使司徒雷登也向美国政府提出劝蒋退休的建议。

蒋介石在军事上惨遭失败、政治上众叛亲离、经济上迅速崩溃、外交上美国又拒绝继续支持他的情况下，不得不在1948年12月中旬表示要以“主动下野”的办法，来促成同中共的“和谈”。

随着和谈活动的越来越热闹，国内外不少人产生了不切实际的幻想，他们希望中国革命就此止步，中途停下。

是将革命进行到底，还是让革命半途而废？在这中国革命的关键时刻，毛泽东又一次表现出高度的政治敏锐性、政治辨别力和政治坚定性，及时地抓住关键性的问题，旗帜鲜明地提出将革命进行到底，并大力揭露蒋介石反动政权“假和谈”的阴谋。

将革命进行到底，代表了中国共产党和各民主党派的意愿，说出了他们的心声。1949 年 1 月 7 日，在河北平山的民主人士符定一、周建人、翦伯赞、刘清扬、楚图南、田汉、胡愈之、宦乡、吴晗等人，联名致电在哈尔滨的民主人士李济深、沈钧儒、章伯钧、马叙伦、王绍鏊、陈其尤、彭泽民、沙千里、蔡廷锴、谭平山、郭沫若、章乃器、朱学范、李德全、茅盾等人，倡议发表反对国民党战犯求和声明，声明提出：时至今日，革命必须贯彻到底，断不能重蹈辛亥革命与北伐战争之覆辙。

毛泽东的新年献词发表后，美国驻中国大使司徒雷登感到其中“有浓烈的火药味”。国民政府副总统李宗仁则神情黯然地对夫人说：“看来，和平的机会已经失去了。”

3 国共和谈“八项条件”的提出

1949 年 1 月 4 日，蒋介石破例来到他在党内的对手但又是在政府中的副手李宗仁在傅厚岗的宅邸，对他说：“这样下去不是事，我看我退休，由你顶起这局面，和共产党讲和。”李宗仁推辞说：“我出来讲和，共产党一定要我无条件投降。”蒋介石说：“你谈谈看，我做你的后盾。”这样，他们两人算是谈妥了。

1 月 8 日，国民党政府向美、英、法、苏四国递交了备忘录，要求四国出面“调停”中国内战，但四国政府相继予以拒绝。

为了揭穿“假和谈”的阴谋，实现真正的和平，1949 年 1 月 14 日，毛泽东代表中共中央发表了关于时局的声明，率先主动提出了

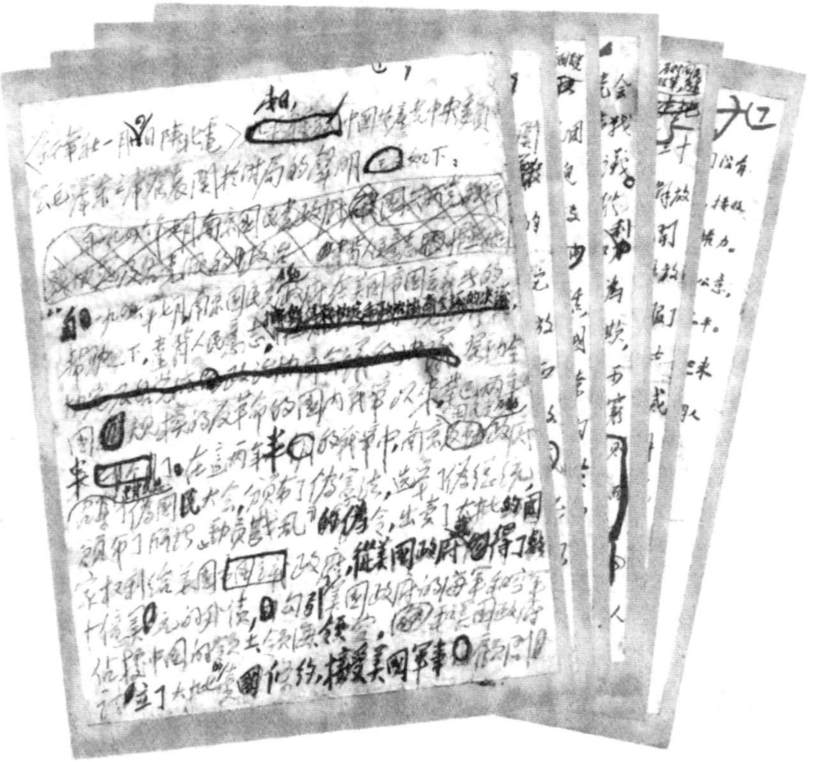

▲ 1949 年 1 月 14 日，新华社电讯稿：毛泽东关于时局的声明

中国共产党同国民党进行和平谈判的八项条件：①惩办战争罪犯；②废除伪宪法；③废除伪法统；④依据民主原则改编一切反动军队；⑤没收官僚资本；⑥改革土地制度；⑦废除卖国条约；⑧召开没有反动分子参加的政治协商会议，成立民主联合政府，接收反动政府的一切权力。

八项条件提出后，全国人民和各民主党派一致拥护。各民主党派领导人和著名民主人士李济深、沈钧儒、马叙伦、郭沫若等 55 人联名发表《对时局的意见》，坚决支持毛泽东提出的八项条件，他们说：“这八项条件，正是对于蒋介石所提无耻要求的无情反击，我们是彻底支持的。”“谁如要偷安纵敌，而使革命大业功亏一篑，谁就成为中国革命的罪人，民族的罪人了。”

1月21日下午，蒋介石主持了国民党中央常委会。他说：“目前，政府在军事、政治、财政、外交皆濒于绝境，我个人非引退不可，让德邻兄依法执行总统职权，与中共进行和谈。”会后，蒋介石飞离南京并发表了引退公告，宣布由副总统李宗仁代理总统。

第二天，李宗仁发表文告，宣称“中共方面所提八项条件，政府愿即开始商谈”。决定派邵力子、张治中、黄绍竑等人为和谈代表。

但李宗仁的和谈目的，是想通过和谈，达到“划江而治”，保全“东南半壁”。李宗仁曾对他的和谈代表刘斐说过：“我想做到‘划江而治’，共产党总满意了吧？只要东南半壁得以保全，我们就有办法了。”国民党首席和谈代表张治中在向蒋介石请示和谈限度时也把李宗仁的底露了出来：“我们希望能够确保长江以南若干省份的完整，由国民党领导，如东北、华北各地由中共领导一样。”

毛泽东敏锐地对国民党阵营的和平阴谋予以揭露。1月22日，他在新华社一篇评李宗仁任命内阁阁员的新闻稿上改写了这样一段话：“李宗仁及其何应钦内阁，今后究竟是确实地接受并执行中国共产党的八项和平条件，实现人民所需要的和平，并借此使他们自己获得悔过自新将功折罪的机会呢？还是假借所谓‘合理的，公平的，全面的和平’的名义，求得保存反革命势力，并掩护其继续战争呢？证明这一点的时机现已迫近，只待举行和平谈判就可以见分晓。”①

④ 国共和谈的“前奏”

2月13日，李宗仁先委托颜惠庆、邵力子、章士钊、江庸四位七旬老人组成“上海和平代表团”，以私人身份从上海前往北平，

①《毛泽东年谱》（1993—1949）修订本下卷第445页，中央文献出版社2013年版。

对和谈进行试探。

第二天，毛泽东审改并发出中央给北平党组织的电报，指示他们对“上海和平代表团”招待要周到，谈话要恳切，如他们愿意和北平民主人士谈话，应允许和介绍。傅作义、邓宝珊和他们见面，应允许。如他们想单独谈，我们亦可不参加。如他们要求和中央的人见面谈，你们应允许转达中央请示。谈话时应强调八条，特别是第一条。

“上海和平代表团”到北平后，受到了热情的接待和欢迎。根据代表团的要求，毛泽东电示北平，欢迎代表团来西柏坡。

2 月 22 日，“上海和平代表团”四人一同飞抵石家庄，然后前往西柏坡。

24 日，毛泽东同他们进行了非正式会谈，双方达成八点秘密协议。其中包括：谈判以中共所提八条为基础；迅速召集新政协成立民主联合政府，南京政府参加新政协及参加联合政府之人选，由中共与南京政府商定之。

当李宗仁从广播中听到中共愿意同他们进行和谈的消息后，立刻从广州回到南京，召开会议，结果决定了对共和谈三项原则。其中包括：不接受由中共为执政党的联合政府，划江而治。

3 月 26 日，中共中央通知南京政府：谈判开始时间：4 月 1 日；地点：北平；中共方面派周恩来、林伯渠、林彪、叶剑英、李维汉为代表，周恩来为首席代表。接着，南京政府也公布了其和谈代表团成员：张治中为首席代表，邵力子、黄绍竑、章士钊、刘斐等为代表。

5 国共和谈的进行

4 月 1 日下午 2 点，南京政府代表团一行，乘坐“空中行宫号”

飞机到达北平，下榻于六国饭店。当晚6点，周恩来等人设宴招待了他们。

当晚，周恩来先邀张治中和邵力子谈话。周恩来问张治中这次来平前为何去溪口见蒋介石？张治中解释说，蒋仍拥有力量，不得到他的同意，和谈达成协议也没用。

接下来，双方代表团成员个别进行交谈。交谈中，国民党代表团成员普遍对“惩治战犯”这一条不能接受。

4月8日上午，毛泽东同周恩来在香山会见张治中。毛泽东说，为了减少南京代表团的困难,可以不在和平条款中提出战犯的名字。

这一天，毛泽东给李宗仁发了一个电报，告诉他：对战犯问题，要以是否有利于中国人民解放事业之推进，是否有利于用和平方法解决国内问题为标准，我们准备采取宽大的政策。电报敦促李宗仁说：“为着中国人民的解放和中华民族的独立，为着早日结束战争，恢复和平，以利在全国范围内开始生产建设的伟大工作，使国家和人民稳步地进入富强康乐之境，贵我双方亟宜早日成立和平协定。中国共产党甚愿与国内一切爱国分子携手合作，为此项伟大目标而奋斗。”①

毛泽东的这份电报，表明了中国共产党的一贯态度：即为了早日结束战争，恢复和平，为了使国家和人民早日进入富强康乐之境，中国共产党一方面坚决反对国民党借以自保的假和谈，一方面积极促进真正和平的实现以及为此目的而进行的真和谈。

从4月8日开始，毛泽东又陆续约见邵力子、章士钊、黄绍竑、刘斐、李蒸、卢郁文等人分别谈话。

毛泽东同刘斐会谈时问：“刘先生，你是湖南人吧？”刘斐说：“我是醴陵人，与主席邻县，是老乡。”毛泽东高兴地说：“啊，

①《毛泽东年谱》（1993—1949）修订本下卷第478页。

老乡见老乡，两眼泪汪汪啊。”刘斐说：“人民需要休养生息，和平是大势所趋。”毛泽东说：“我们共产党是主张和平的，否则也不会请你们来。只要李宗仁诚心和谈，我们是欢迎的。”毛泽东扳着手指头对刘斐说，李宗仁现在是“六亲无靠”哇！第一，蒋介石靠不住；第二，美国靠不住；第三，蒋介石的残存军队靠不住；第四，他自己的那点桂系军队也靠不住；第五，如果不搞和谈，南京支持他和谈的那些人也靠不住；第六，如果他不诚心和谈，共产党也靠不住，也要奉陪他打到底。

吃饭时，刘斐试探着问毛泽东：“您会打麻将吗？”毛泽东说：“晓得些，晓得些。”刘斐接着问：“您是爱打清一色呢？还是喜欢打平和？”毛泽东会意地笑着说：“平和，平和，只要和了就行了。”

为了促成和谈，毛泽东还作了一些军事部署方面的调整：第一，根据李宗仁、白崇禧的要求，决定我军不攻安庆，让驻守安庆的桂系军队向武汉撤退；第二，决定我军推迟一星期渡江，由原定的4月15日推迟到22日；第三，在4月11日到16日期间，命令长江一线各部不要发生任何战斗。

4月13日，毛泽东函告周恩来：今日下午双方代表团应举行一次正式会议，宣布进入正式谈判阶段，其时间为13日至17日，共五天。18日以后，不论谈判成败，人民解放军必须渡江。

当晚9时，在中南海勤政殿，国共双方开始举行正式会谈。周恩来先对《国内和平协定草案》逐条内容进行了说明，张治中把对其中不能接受的三点逐一提出，表示愿意在此基础上提出一个修正案。

经过一天的研究，南京代表团提出了一个修正案，于4月14日晚交给周恩来。第二天，双方代表又分别交换意见。

4月15日晚9点，还是在勤政殿，国共双方和谈代表进行第二

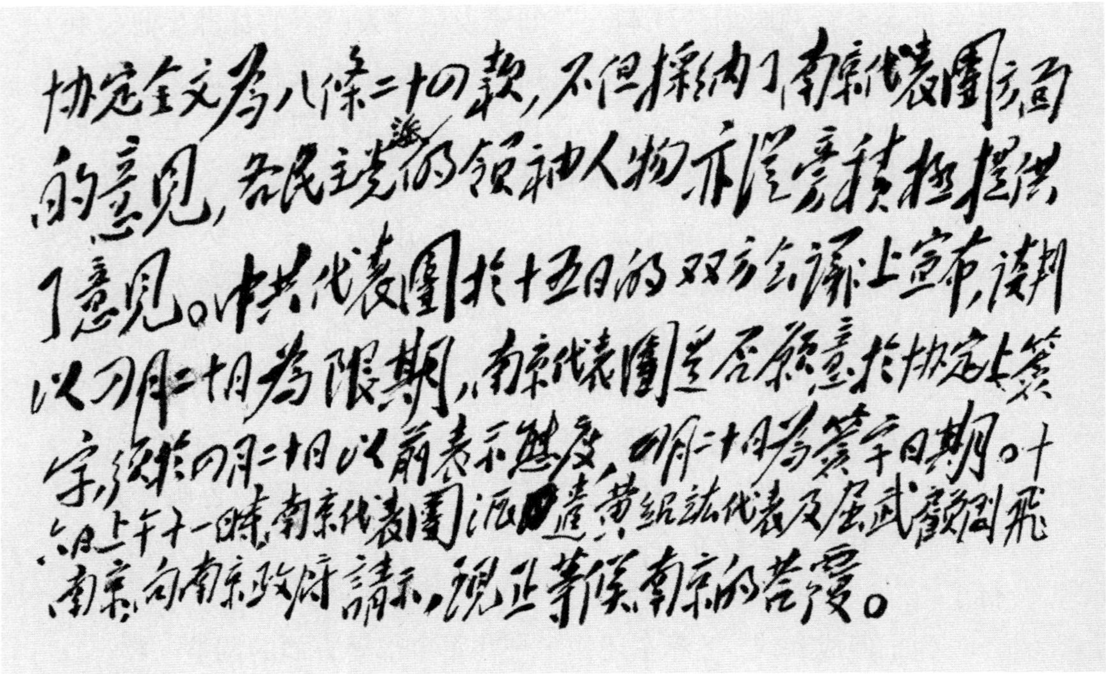
协定全文为八条二十四款，不但采纳了南京代表团方面的意见，各民主党派的领袖人物亦积极提供了意见。中共代表团于十五日的双方会议上宣布谈判以四月二十日为限期，南京代表团是否愿意于协定上签字，须于四月二十日以前表示态度，四月二十日为签字日期。十六日上午十一时，南京代表团派遣黄绍竑代表及屈武同飞南京，向南京政府请示，现正等候南京的答复。

▲ 1949 年 4 月 17 日，毛泽东起草的新华社电讯稿：和平谈判情况 （部分）

次正式会谈。周恩来把接受南京代表团意见所作的各点修改作了说明，并对不能修改的各点也作了说明。最后，周恩来说：“这是中共代表团的最后定案。我们期待你们接受这个协定。”张治中表示要把这个最后的稿子带回南京，说服南京当局同意。周恩来正式告诉张治中：“请代表团回南京的先生转告李宗仁，到本月 20 日还不能获得协议签字，那我们就只有渡江，不能再拖延到 20 日以后了。”

散会后，南京代表团商定第二天派黄绍竑和屈武带文件回南京，劝李宗仁接受。

6 《国内和平协定》被国民党拒绝

黄绍竑等到南京后，李宗仁召集白崇禧等人商议。白崇禧看完

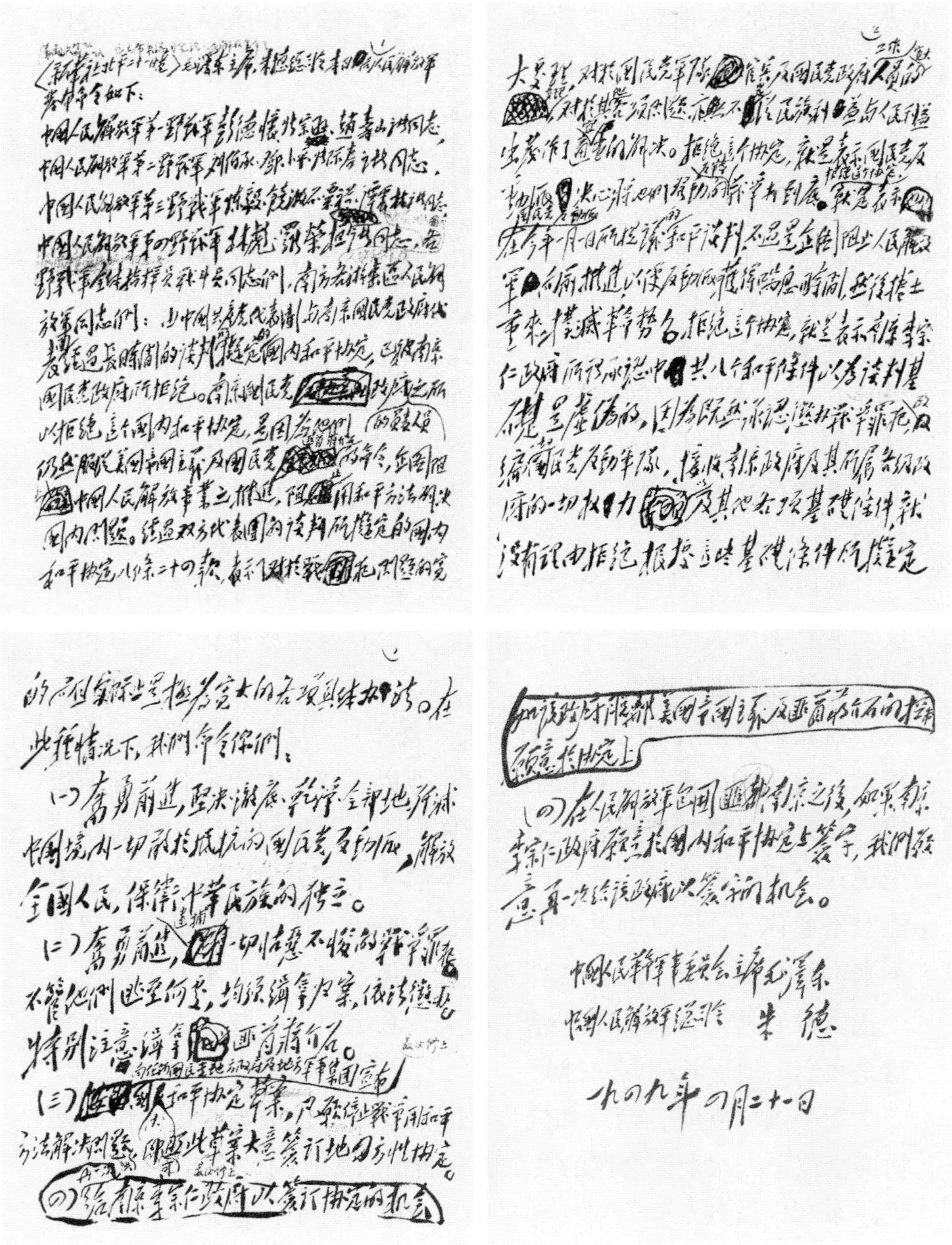

▲ 1949 年 4 月 21 日，毛泽东起草的《向全国进军的命令》

协定，怒气冲冲地对黄绍竑说：“亏难你，像这样的条件也带得回来。”会议决定由张群带着协定去溪口请示蒋介石。蒋介石看后，拍着桌子说：“文白无能，丧权辱国！”

4月20日深夜，李宗仁、何应钦复电张治中并各代表，拒绝接受《国内和平协定》。

4月21日，毛泽东同朱德向人民解放军发布《向全国进军的命令》。命令对国民党反动派的假和谈阴谋又一次作了揭露，指出：拒绝这个协定，就是表示国民党反动派在今年1月1日所提议的和平谈判，不过是企图阻止人民解放军向前推进，以便反动派获得喘息时间，然后卷土重来，扑灭革命势力。拒绝这个协定，就是表示南京李宗仁政府所谓承认中共八个和平条件以为谈判基础是完全虚伪的。

按照命令，人民解放军强渡长江，于23日占领了南京。国民党反动派在中国大陆的统治宣告覆灭。国民党反动派所玩弄的假和谈阴谋也就此宣告失败。

在北平的张治中决定24日回去“复命”。周恩来根据毛泽东的指示，对代表团进行了恳切的挽留。他说：“代表团不管回到上海或广州，国民党特务都是会不利于你们的。”他情真词切地对张治中说：“西安事变时，我们已经对不起一个姓张的朋友，今天再不能对不起你了。”面对共产党人的真心挽留，代表团成员终于留了下来。4月25日，当白崇禧派来接代表团的飞机到北平时，不但一个代表没有接走，反而把张治中的夫人和家属也一起送来了。原来这是我们的地下党秘密安排的。

新中国成立时，南京和谈代表团的代表，都成为中国人民政治协商会议第一次全体会议的参加者和新中国成立的见证者。这表明，毛泽东和中国共产党人对为和平做出贡献的人士，是充分尊重和照顾的，对实现和平是真心诚意的。

7 将革命进行到底对中国统一的杰出贡献

在毛泽东和中共中央的号召下，中国人民终于同心同德地战胜了国民党玩弄假和谈的政治阴谋，将革命进行到底了。中国终于没有像国内外一些人所希望的那样搞“划江而治”，而是实现了大陆的统一。毛泽东在1949年新年献词中所描绘的将革命进行到底的光明前景也终于胜利实现了。这一切，无不显示出毛泽东《将革命进行到底》这篇著名文章和这一伟大思想的正确性，显示出毛泽东对历史把握、对前途把握、对命运把握的准确性。无论是在今天，还是在将来，当人们纪念统一的人民共和国的时候，当人们庆幸中国没有出现又一个“南北朝”的时候，都不应该忘记毛泽东和中国共产党，不应该忘记毛泽东“将革命进行到底”的伟大思想的历史贡献。

“将革命进行到底”这一思想的提出，不仅致使中国共产党迅速战胜了国民党，在全国范围内建立起人民的政权，而且促进了中国大陆的统一。因此，“将革命进行到底”，是以毛泽东为代表的中国共产党人对中国统一的一大杰出贡献，是对国内外各种企图让中国“划江而治”、南北分裂的势力的彻底打击。我们必须从促进国家统一的角度和高度来理解“将革命进行到底”的伟大意义。也只有从促进国家统一的角度和高度，才能真正地、全面地、深刻地理解“将革命进行到底”的伟大意义。

还在1946年全面内战爆发后不久，国内就有人发表《中国时局前途的三个去向》的文章，把“南北朝”列为中国三个可能去向的首位。“南北朝”一般指的是东晋末年到隋文帝统一，即公元420年到589年这170年的南北政权分立时期。这一时期，是中国历史上兵荒马乱、民不聊生的混乱时期。

1947年夏天，美国总统特使魏德迈在对中国情况进行“调查”

后，为国民党制订了一个计划，其中包括：在军事上，把中国分为 6 个区，国民党重点经营西北、西南、华南三个区。

蒋介石对美国这一构想也暗中运筹。同年 9 月，蒋介石让原行政院长宋子文出任广东省政府主席，并给他下达任务：力求南方稳定，策划停战议和。

介于国民党和共产党之间的中间右翼势力，更认为在“长江以北是共产党、江南是蒋介石”的相持局面下，“第三方面大有可为”。“如果第三方面也拥有武装，在未来的局势中就可以发挥更大的作用”。因而他们到一些地方策反军队，收编土匪，建立地方武装，策划某省独立，准备割据一方。

1949 年 2 月，美国方面向国民党驻美大使顾维钧传递出明确信息，希望国共两党“决定南北自治，以长江为界，各不相犯”，“深恐组织联合政府，亦为共党所控制，前途堪虞。”

1949 年 3 月 12 日，中国驻苏联大使傅秉常出任外交部长。傅回国前，斯大林接见了他，“表示对国共和谈寄以期望”。期望什么呢？这在当时是个谜。前些年，有人公布了 1957 年 4 月 11 日毛泽东的一个内部谈话。在这个谈话中，毛泽东说：“直到 1949 年，我们眼看就要过长江的时候，还有人阻止，据说千万不能过长江，过了，就会引起美国出兵，中国就可能出现‘南北朝’（的局面）。我没有听他们的。我们过了长江，美国并没有出兵，中国也没有出现‘南北朝’。如果我们听了他的话，中国倒可能出现‘南北朝’。后来我们的同志会见了阻止我们过长江的人，他的第一句话就说：‘胜利者是不应该受责备的。’”① 从毛泽东 1957 年的谈话中可以看出，当时苏联也是期望中国“划江而治”的。

如果出现国共两党“划江而治”这种情况，那么中国将是一种

① 转引自《中国共产党重大史实考证》第 1412 页，中国档案出版社 2001 年出版。

什么景象呢？我们今天的任何人，恐怕都不如当时人和当事人说得真切。

我们先来看看1947年夏天“南北朝”之说闹得沸沸扬扬时，上海《时与文》周刊是怎么说的吧！该刊第1卷第21期《魏德迈的“调查”与中国大局》一文这样写道：“如果真是暂时形成一个南北朝的局面，中华民族的命运便泰半系于世界形势。……最可怕的就是发生三次（世界）大战，其次可怕的就是弄成今日德国、朝鲜的模样，硬把一个统一国家拆得稀烂，那就悲惨了。”①

我们再来看看曾梦想“划江而治”的国民党政府代总统李宗仁是怎么说的吧！在自己的梦想破灭十年后，李宗仁回忆说：“在今天回顾那时的情况时，我不禁不寒而栗了。……如果美国人全力支持我，使我得以沿长江和毛泽东划分中国，中国就会陷入像今天的朝鲜、德国、老挝和越南同样悲惨的局面了。南部政府得靠美国生存，而北部政府也只能仰苏联鼻息，除各树一帜，互相残杀外，二者都无法求得真正之独立。又因中国是六亿人的大国，这样一来，她就会陷于比前面提到过的三个小国家更为深重的痛苦之中，而民族所受的创伤则恐怕几代也无法治好了。如果这种事情真的发生了，在我们敬爱祖国的未来的历史上，我会成为什么样的罪人呢？”②

这两段并非中国共产党人写下的历史文字，倒是让我们更加看清了中国共产党领袖毛泽东“将革命进行到底”的思想结局，是怎样避免了中华民族的悲惨命运的。李宗仁担心如果真的实现了自己想要的“划江而治”，“在我们敬爱祖国的历史上，我会成为什么样的罪人呢”，正好从另一面告诉我们：提出“将革命进行到底”思想、打破李宗仁等人“划江而治”幻想的毛泽东，以及以他为代表的中国共产党人，在我们敬爱祖国的历史上，有着统一中国、避

① 转引自《中国共产党重大史实考证》第1413页。
② 转引自《中国共产党重大史实考证》第1414页。

免中国陷于分裂这一不可磨灭的历史功勋。这一功，使无数中国人免遭涂炭，使未来中国史少一断章。仅以这一点来说，毛泽东和以他为代表的中国共产党人，就已经功在千秋，是永远不能被遗忘的历史功臣！

二、指挥平津战役

当1949年到来的时候，中国人民的革命力量同反革命力量的大决战——三大战役已进入尾声，但还没有取得最后胜利。因此，在1949年的最初一段时间里，毛泽东还是拿出了大量精力来指挥三大战役的最后一个战役——平津战役。

1949年的新年，毛泽东是在起草给平津战役指挥员的电报中迎来的。

1 平津战役的发起

平津战役是毛泽东在1948年11月部署发起的。

1948年11月8日，辽沈战役全部结束，人民解放军歼敌47万人，国民党军队开始不但在质量上而且在人数上也弱于人民解放军。同时，在淮海战场上，人民解放军60多万人，正在同国民党军队80多万人进行对决。国民党在战略上可以使用的机动兵力只剩下华北傅作义集团的50多万人。

傅作义是1947年底被蒋介石任命为华北“剿匪”总司令的。面对当时形势，蒋介石和傅作义都认为东北野战军在短期内不会入关，因此他们确定了“暂守天津，依海作战，以利尔后行动”的方针。根据这一方针，傅作义把他的55万军队收缩在以北平、天津为中心，东起唐山、西至张家口这千里铁路线上，摆成一字长蛇阵，准备西撤或沿海南逃。

毛泽东认真研究敌我态势后认为，傅作义部无论南窜或西撤，都会对全国战局产生极为不利的影响，因此，作出了稳住敌人，不使逃跑，分割包围，就地全歼的战略计划。11月18日，毛泽东为中央军委起草致东北野战军领导人林彪等电报，要他们立即令各纵队以一两天时间完成出发准备，取捷径以最快速度行进，突然包围唐山、塘沽、天津三处敌人，不使逃跑。同时，为迷惑和稳住傅作义集团，又命令华北解放军停攻归绥、缓攻太原。遵照毛泽东的指示，东北野战军10个纵队从11月23日起先后入关，分别隔断平、津之敌和津、塘之敌。

为了阻止傅军西撤，必须控制平绥路。11月24日，毛泽东命令华北野战军第三兵团尽快到达张家口附近，并隔断张家口和宣化两处敌人的联系。11月29日，我军猛攻张家口，傅作义派兵增援张家口，12月8日，我军又将傅作义派出的援兵包围在新保安。

12月11日，毛泽东起草了《关于平津战役的作战方针》，指出："我们的真正目的不是首先包围北平，而是首先包围天津、塘沽、芦台、唐山诸点。""力争先歼塘沽之敌，控制海口。只要塘沽（最重要）、新保安两点攻克，就全局皆活了。"从本日起的两星期内"基本原则是围而不打（例如对张家口、新保安），有些则是隔而不围（只作战略包围，隔断诸敌联系，而不作战役包围，例如对平、津、通州），以待部署完成之后各个歼敌。"[①] 按照这一部署，至12月21日，我人民解放军把平津地区的国民党军分别包围在北平、天津、塘沽、新保安、张家口诸要点。

12月19日，毛泽东命令华北我军在东野四纵到达张家口后，

①《毛泽东选集》第四卷第1364—1365页。

对新保安之敌发起攻击。华北我军于12月22日对被围困在新保安的傅部主力三十五军开展四面攻击，经过11个小时的激战，全歼该军。张家口之敌见势突围，也被我军歼灭。12月24日，张家口解放。至此，傅作义的嫡系部队基本被消灭，其余部队西撤道路完全被切断。他们的面前还有三条路可以走：一是归向人民，走向光明；二是出海东逃，继续为敌；三是就地被歼，彻底完蛋。

2 1949年的第一个凌晨毛泽东在干什么

当时间进入1949年新年时，毛泽东正在指挥着平津战事。

1月1日凌晨2时，毛泽东起草完了一份电报；4时，又起草完了另一份电报。两份电报都是回复平津前线指挥员来电的。

凌晨2时写完的电报是发给林彪的，内容为同傅作义谈判问题。

我党同傅作义的谈判到这时已进行了一个多月。

1948年11月上旬，傅作义就密电毛泽东，要求和谈，表示愿与中国共产党组成联合政府。到了中旬，傅作义又派彭泽湘及符定一两人到石家庄找中共中央接洽起义的问题。11月18日，毛泽东电告东北野战军指挥员林彪、罗荣桓、刘亚楼："傅作义经过彭泽湘及符定一和我们接洽起义。据称，傅起义大致已定，目前考虑者为起义时间、对付华北蒋军及与我党联系等问题。"①

12月中旬，傅作义派《平明日报》社社长崔载之为代表，出城同共产党谈判。12月16日16时，毛泽东电示林彪、罗荣桓、刘亚楼等人："对傅作义代表谈判内容以争取敌人放下武器为基本原则。"在不损害这一原则的范围内，"我们应试图利用傅作义及其集团内大批干部对于自己的生命财产危险的恐惧（傅作义是战犯，傅集团

①《毛泽东年谱》（1893—1949）修订本下卷第394—395页。

内某些人是华北人民十分痛恨的），以考虑允许减轻对于傅作义及其干部的惩处和允许他们保存其私人财产为条件，而以傅作义下令全军放下武器为交换条件”。“我们第一个目的是解决中央军。你们应向傅的代表试探，傅是否有命令中央军缴械的权力，如果他没有此种权力，则可向他提出让路给我军进城解决中央军。”①

12月23日，崔载之经平津前线司令部代转傅作义致毛泽东的一份电报。电报中，傅作义说：“1. 今后治华建国之道，应交贵方任之，以达成共同政治目的；2. 为求人民迅即得救，拟即通电全国，停止战斗，促成全面和平统一；3. 余绝不保持军队，也无任何政治企图；4. 在过渡阶段，为避免破坏事件及糜烂地方，通电发出后，国军即停止全体攻击行动，暂维现状，贵方军队亦请稍向后撤，恢复交通，安定秩序。细节问题请指派人员在平商谈解决。在此转圜时期，盼勿以缴械方式责余为难。过此阶段之后，军队如何处理，均由先生决定。”②

12月25日，中国共产党宣布了发动内战的第一批头等战犯名单，傅作义的名字也列入其中，傅作义对此感到不理解，电示谈判代表崔载之返回北平。

蒋介石为破坏北平和谈，电召傅作义到南京参加第二次军事会议。12月28日，傅作义再次发电报给毛泽东，说他要起义，并要公开发和平通电。他不去参加南京军事会议，要求再派人来谈判。

因此，在1949年新年来临之际，毛泽东为中共中央军委起草给林彪的电报中告诉他：“新保安、张家口之敌被歼以后，傅作义及其在北平直系部属之地位已经起了变化，只有在此时，才能真正谈得上我们和傅作义拉拢并使傅部为我所用。因此，你们应认真进行

①《毛泽东年谱》（1893—1949）修订本下卷第421—422页。
② 转引自松植著《平津战役秘密战》第165页，当代中国出版社2007年出版。

傅作义的工作。”[①] 看来，毛泽东是非常现实的，他相信只有靠实力才能让傅作义发生真正的变化，他是不把自己的命运放在别人的手上的。这一个多月，他没有把宝押在同傅作义的和谈上，而是把数十万大军调遣来分割包围了傅作义的军队并消灭了他的有生力量，造成了兵临城下、瓮中捉鳖之势，从而为同傅作义军队的不战而和创造了充分的现实条件。

电报中，毛泽东明确提出了同傅谈判的几点意见，要林彪通过北平市党委将这些意见直接告诉傅作义。其中，针对傅作义表示要公开发和平通电一事，毛泽东说：“目前不要发通电。此电一发，他即没有合法地位了，他本人和他的部属都可能受到蒋系的压迫，甚至被解决。”[②] 毛泽东这样说，既是为了保证傅作义及其部属的安全，是替傅方着想的，也是为了能使傅继续利用其合法地位为北平解放和平津之敌的完全解决发挥更大的作用。

针对傅作义对把他列为战犯不理解，毛泽东写道：“傅氏反共甚久，我方不能不将他和刘峙、白崇禧、阎锡山、胡宗南等一同列为战犯，我们这样一宣布，傅在蒋介石及蒋系军队面前的地位立即加强了，傅可借此做文章，表示只有坚决打下去，除此以外再无出路；但在实际上，则和我们谈好，里应外合，和平地解放北平，或经过不很激烈的战斗解放北平。傅氏立此一大功劳，我们就有理由赦免其战犯罪，并保存其部属。”[③] 这样看来，把傅作义列为战犯，并不是共产党对傅作义不谅解，而是为了傅作义更好地同蒋介石及蒋系军队周旋，使他在蒋系面前更有地位。同时，允许傅部将来编为一个军，这更出傅作义所望，更加显示出我党我军的诚意，更能打消傅作义的种种顾虑。

①《毛泽东年谱》（1893—1949）修订本下卷第430页。
②《毛泽东年谱》（1893—1949）修订本下卷第430页。
③《毛泽东年谱》（1893—1949）修订本下卷第430页。

针对傅作义表示他不去南京开会，毛泽东在电报中说：“傅氏此次不去南京是对的，今后亦不应去南京，否则有被蒋介石扣留的危险。”① 这是对傅作义的肯定和提醒。

毛泽东在电报中，还让转告傅作义：“傅致毛主席电，毛主席已收到。毛主席认为傅氏在该电中所取态度不实际。”“我们希望傅氏派一个有地位的能负责的代表，偕同崔先生及张东荪先生一道秘密出城谈判。”②

以上就是毛泽东在1949年1月1日凌晨2时写完的这份电报的主要内容。它标志着，我军同傅作义的谈判，开始进入了一个实质性的阶段。

毛泽东写完这份电报，又看起了平津前线指挥员林彪、罗荣桓、刘亚楼的另一份关于军事布置的电报，然后以军委名义回复了一份电报：“同意你们的估计及布置。”这时，已经是凌晨4时了。

3 缜密指导同傅作义的谈判

1月2日，平津前线司令部派李炳泉回北平，当面向傅作义转达了中央军委关于同傅作义谈判的各点意见。

在得悉这几点意见后，傅作义的态度又发生了变化，他认为有机可乘,故得寸进尺,一改以前谈判中所持“无任何政治企图”的承诺，而让谈判代表崔载之一再向我方代表提出：傅可放弃军权，但要求我方在政治上给以地位与名义。傅对投降或起义两者都不愿意，而愿取得一个“国民党进步分子”的地位，以作为他将来在政治舞台上的资本。

当傅作义的这一新的要求转报中央后，1月7日凌晨5时，毛

①《毛泽东年谱》（1893—1949）修订本下卷第430页。
②《毛泽东年谱》（1893—1949）修订本下卷第430页。

泽东草拟了一份电报，以军委名义发给林彪，明确地告诉他们同傅作义谈判的基本方针："只要傅能让我们和平接收平、津，允许傅部编为一个军，他本人可赦免战犯罪，保存私人财产，住在北平或出外边由他自定。他的部属的生命家财不予侵犯。除此以外，不能再允许给他什么东西，亦不能称为起义。"①

为了促使傅作义尽快下决心，毛泽东当天又另发一电，指示林彪："准备对北平城内机场发炮攻击，促使城内敌军分化。"②

因毛泽东在 1 月 1 日 2 时电报中曾提出希望傅氏派一有地位能负责的代表，偕同崔先生及张东荪一道秘密出城谈判，所以，傅作义于 1 月 6 日加派华北"剿总"的土地处处长周北峰，同张东荪一道出城，8 日在蓟县城南八里庄，同平津前线司令部进行第二次谈判。平津卫戍司令员聂荣臻亲自同他们进行谈判。谈判中，张东荪转达了傅作义的几点表示：①北平、天津、塘沽、绥远一齐解决；②要平、津以后能有除中共以外的其他报纸；③政府中要有进步人士；④军队不用投降或在城内缴枪的方式，采取调出城外分驻各地用整编等方式解决。

当天下午 3 点，林彪、聂荣臻联名把谈判结果电报中央军委。9 日凌晨 2 时，毛泽东复电，要他们回答对方："（甲）平、津、塘、绥均应解决，但塘、绥人民困难尚小，平、津人民困难甚大，两军对峙，军民粮食均有极大困难，故应迅速解决平、津问题。（乙）为避免平、津遭受破坏起见，人民解放军方面可照傅方代表提议，傅方军队调出平、津两城，遵照人民解放军命令开赴指定地点，用整编方式，根据人民解放军的制度改编为人民解放军，并由双方代表于三日内规定具体办法，于一月十二日下午一点开始实施。平、津两处办理完毕后，即可照此办法解决塘、绥问题。（丙）政

①《毛泽东年谱》（1893—1949）修订本下卷第 432 页。
②《毛泽东年谱》（1893—1949）修订本下卷第 433 页。

府中有进步人士，平、津报纸不只中共一家，是中共民主纲领中原来就有的，故不成为问题。”①

1月9日，傅作义通过中共地下党员、北平平明日报社采访部主任李炳泉转给林彪、聂荣臻一份电报，说：有关部队问题，亟须缜密计划，妥慎实施，方可避免糜烂，不违初衷。部队出城时间，须视准备工作进行之程度及双方细节问题具体商决约定。万一有少部分不听命令，尚须双方在技术上预有商定。林、聂将此电转报中央后，1月11日，毛泽东为中央军委起草复电，指出：“傅作义及其左右在接到我们意见后，企图叫我们迁就他们所设的范围（迫我就范），而拒绝我们迫傅就范的方针，明明不能指挥中央军，要说能指挥。此外，并提出什么报纸及政府用人等事，好像他们是代表人民说话，向我们要求民主权利。你们应将你们向周、张宣布的三条电告北平党，叫北平党督促傅方实行。并严正地向傅左右（刘厚同等）说明，傅方既不愿意执行我方所提意见，如果又不执行他自己所提的离城改编，那就是他反复无常，势将丧失信用。同时，请你们考虑，是否可以叫北平党将离城改编一点，在社会上及民主人士中适当地散播出去，使人们感觉我方做得仁至义尽。”②

1月9日，林彪、聂荣臻在向中央转报北平地下党转来的傅作义电报时，又同傅作义代表周北峰、张东荪进行了正式会谈并达成初步协议：1. 傅作义部队遵照解放军命令开赴指定地点，用整编方式改编为人民解放军；2. 和平接收平、津，允许傅作义所部编一个军，对傅本人不作战犯看待，在政治上有一定的地位，保存私人财产；3. 对张家口、新保安、怀来被俘的傅部人员一律释放，对傅部的起义人员一律不咎既往，凡愿继续工作的都可安排适当工作，不愿工作而要求返乡的都可发给资遣费及证明书，对其返乡后不予

①《毛泽东年谱》（1893—1949）修订本下卷第433页。
②《毛泽东年谱》（1893—1949）修订本下卷第434页。

歧视。第二天，双方签署了《会谈纪要》。11 日，傅作义看了《会谈纪要》后不置可否，又派自己的副总司令邓宝珊作为全权代表出城谈判。

毛泽东获悉这一消息后，1 月 12 日凌晨 3 时，又为中央军委起草了一份电报给林彪、聂荣臻，指示与邓宝珊的谈判策略，要他们当着邓宝珊的面驳斥傅作义 1 月 9 日电报的立场。"围城已近一个月，谈判如此之久，始终不着边际。自己提出离城改编，现又借词推托，企图拖延时间，实则别有阴谋，加重平、津人民的痛苦。傅如有诚意，应令天津守军于十三日全部开出城，听候处理。守军应负责移交一切公共财产、案卷、武器弹药、被服，不得有任何破坏损失。守军出城，只能携带随身枪弹物品。一切改编细目待出城后再说。否则我军将于十四日攻击天津。至于北平守军，可以推迟数日离城，但亦不能拖延太久。不是所谓由我军协助傅军解决抗不受命者，而是傅军协助我军入城解决一切敢于抵抗的部队。你们说这些话时应坚决明确"①。毛泽东采取这一策略的目的，是为了不在傅的面前示弱，以强硬的姿态，把傅作义的气焰压下去，把傅作义的拖延企图和顽抗心理打掉。毛泽东同时还提醒林、聂：对邓宝珊，则应采取客气的态度。

另外，毛泽东告诉林、聂："估计天津守军十三日必不会按照我们所说的时间、条件出城，你们应准备于十四日攻击天津。"②

当天晚上 8 点钟，毛泽东在看到路透社关于"天津四代表出城谈判，回城后发表书面声明，表示尚好"的消息后，又以军委名义电示林、聂："天津既有单独谈判，即可单独处理，可以不包括在邓宝珊的谈判之内。""天津之敌如能接受你们所提限时缴械之条件，你们即可不经攻击而占领天津，如该敌不能接受你们所提条件，

①《毛泽东年谱》（1893—1949）修订本下卷第 435 页。
②《毛泽东年谱》（1893—1949）修订本下卷第 435 页。

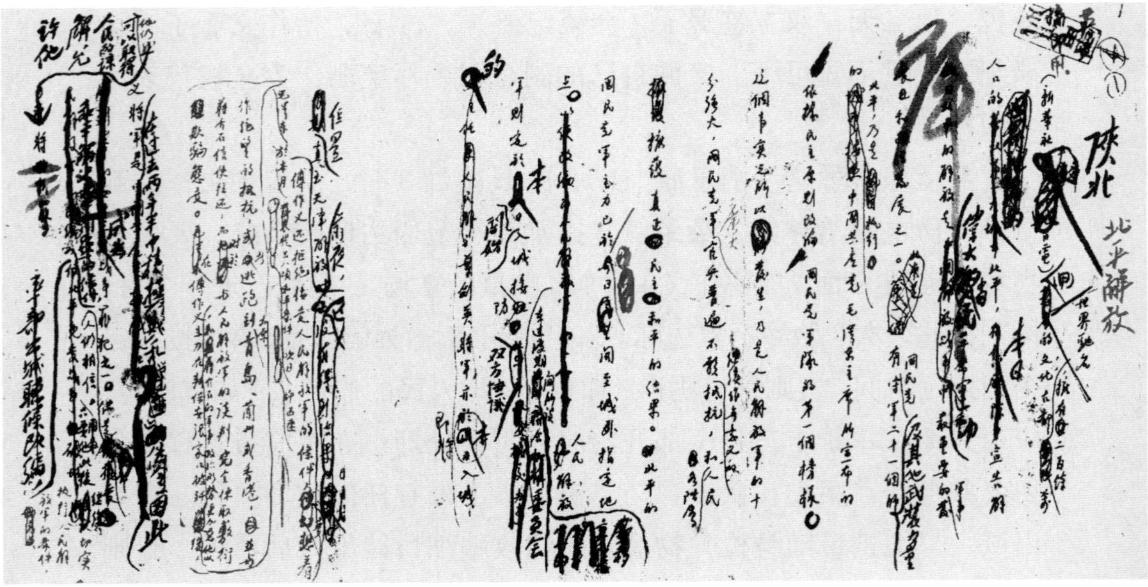

▲毛泽东修改的新华社电讯：北平解放

则你们应于适当时间内攻占天津。”①

在此之前，天津守敌指挥官陈长捷曾于1月8日和10日，两次派人出城谈判，但只是拖延时间，并无和平诚意。在此情况下，东北野战军于1月14日向天津守军发起攻击，仅用29小时时间，就攻克了平津军队自认为“固若金汤”的天津，全歼国民党守军13万人，并生俘天津警备司令陈长捷。这使北平守军完全孤立，陷入绝境。傅作义与人民解放军讨价还价的本钱更少了。

1月15日20时，毛泽东在收到有关傅作义给其谈判代表的电报及我军攻克天津的电报后，致电林彪等人说：“接到转来傅致邓、周各电及攻克天津电，证明傅作义业已动摇，但还有许多反动观点及妄想。例如傅作义十四日还在指挥陈长捷夺回突破口，施用炸药抵抗，而在十五日15时致邓宝珊电内又谓在此时期再有一人一物之伤亡损坏，为国家为人民均所不应。不说他自己下令停战，而说要

①《毛泽东年谱》（1893—1949）修订本下卷第436页。

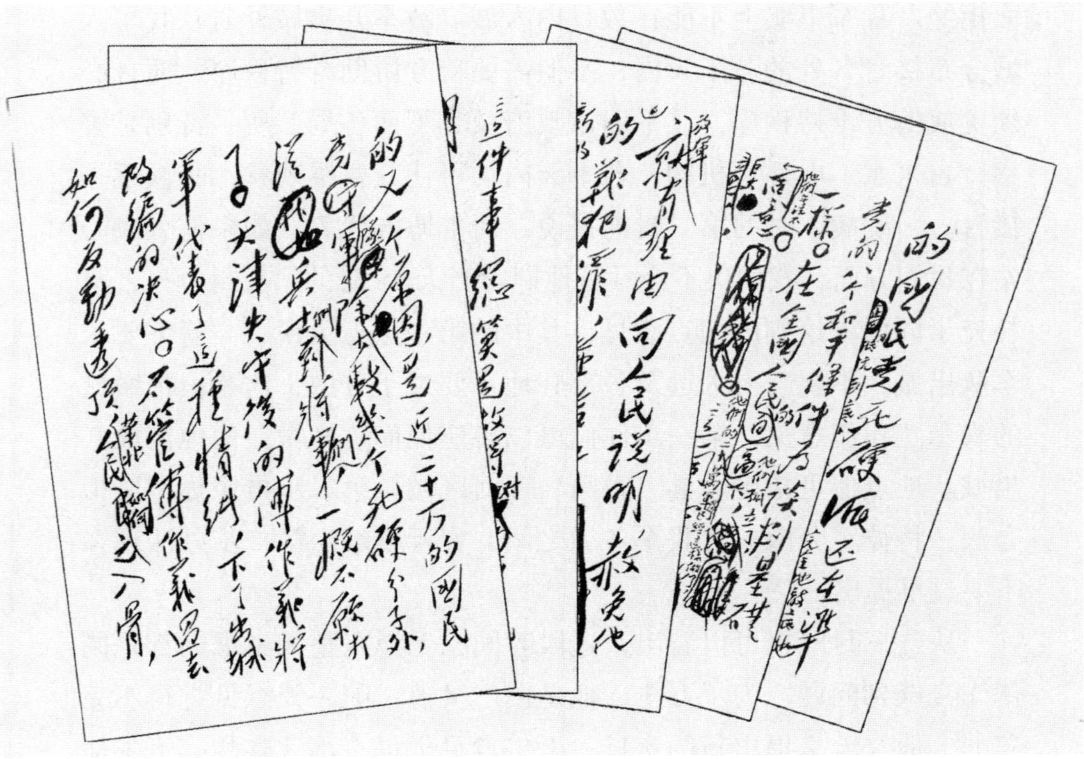

▲ 1949 年 2 月 1 日，毛泽东起草的北平问题和平解决的基本原因（部分）

我方停战。北平城内成立联合机构一点，似乎仍有和我方分享政权之意。”“你们并应对邓、周表示，在傅方没有事实表现以前，我方对傅氏答应的话仍取怀疑态度。”①

从 1 月 15 日上午直到 16 日，林彪等人一直在同邓宝珊等人进行谈判，内容主要是北平和平解决的问题。

1 月 16 日，毛泽东一天当中起草了三份致林彪、罗荣桓、聂荣臻的电报，内容都是关于同傅作义谈判的。第一封凌晨寅时的电报指示：“对于傅作义所提我军数日内暂缓入城及由傅我双方组织联合委员会，临时接管市政，然后过渡到完全由我接管，你们不要正

①《毛泽东年谱》（1893—1949）修订本下卷第 439 页。

面拒绝。我军事实上不能在数日内入城。敌军开出城外时，我军入城分布接管各处的若干天内，不但需要傅方协助维持秩序，而且必须责成傅方维持秩序。北平旧市政府及其下面各局、所，特别是警察、自来水、电话等机构，若干天内均可让其暂维现状，听候逐一接管。”凌晨5时的第二封电报说：请告傅方代表，如果傅方决心站在我们方面，我们决不会亏待他们。当天18时的第三封电报，又补充了同傅方谈判的两点意见，其中的第一点意见说：“傅方要求军队出城，不要开得太远及各部驻地不要过于分散，这是惧怕缴械的表示。我们意见，第一步你们可以答应他们这样做，使他们放心出城。地点似可指定通县、香河、三河区域。第二步再照你们所拟办法，将彼军分散插驻我军各纵之间，实行整编。第二步办法现在不要过早提出。”①

从这三封电报可以看出，这段时间，毛泽东整天考虑的都是同傅作义谈判问题。为了万全，他是慎之又慎：前一天意见觉得不完善的，他今天又提出新的意见；上午意见觉得有不完整的，下午他又提出补充的意见。

也就在1月16日，林彪等人和邓宝珊等人经艰苦谈判，达成了《北平和平解决的初步协议》。解放军平津前线司令部决定派东北野战军参谋处处长苏静进入北平城。

17日，邓宝珊和苏静到达北平。邓宝珊将《初步协议》交给傅作义。19日，傅作义看望苏静，并让代表与苏静根据初步协议，共同拟定《关于和平解决北平问题的协议》。

毛泽东得报后，于1月21日凌晨4时，为中央军委起草了复林彪、罗荣桓的电报：“你们应即告苏静转告傅、邓：（一）傅、邓既决心站在有利于人民事业方面，则我们便必须告诉他们对蒋介石

①《毛泽东年谱》（1893—1949）修订本下卷第439—440页。

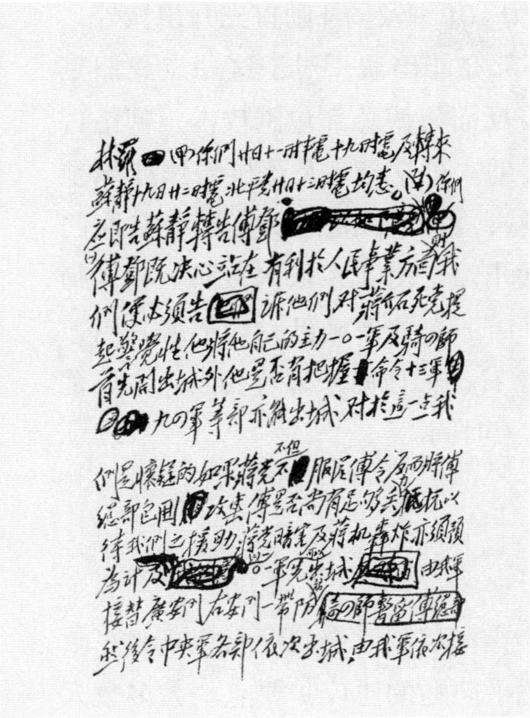

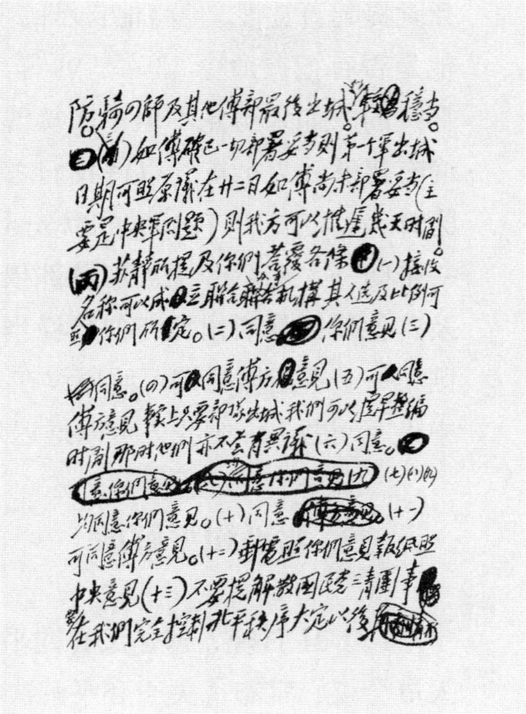

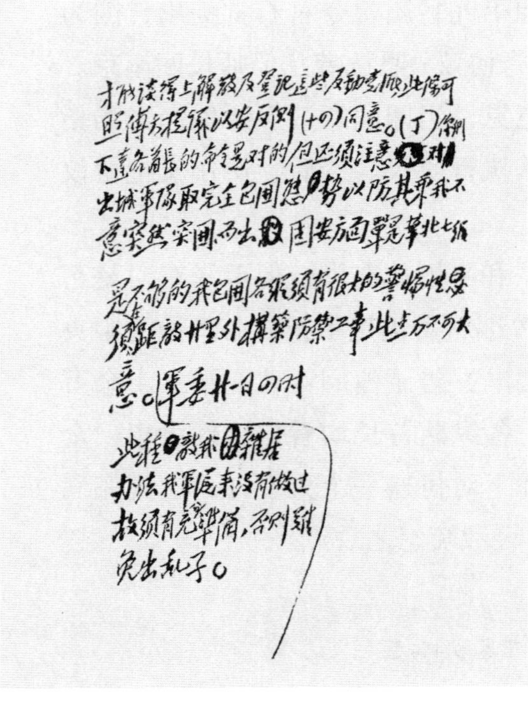

▲ 1949 年 1 月 2 日中央军委关于傅作义部出城整编的部署的指示

死党提起警觉性，他将他自己的主力101军及骑4师首先开出城外，他是否有把握命令13军、94军等部亦能出城，对于这一点我们是怀疑的。如果蒋党不但不服从傅令反而将傅总部包围攻击，傅是否尚有足够兵力抵抗，以待我们之援助。蒋党暗害及蒋机轰炸亦须预为计及。（二）101军可以先出城，由我军接替广安门、右安门一带防务，然后令中央军各部依次出城，由我军依次接防。骑4师及其他傅部最后出城，似较稳当。（三）如傅确已一切部署妥当，则第一个军出城日期可照原议在22日；如傅尚未部署妥当（主要是中央军问题），则我方可以推迟几天时间。”①

4 北平和平解放

1月21日晚，傅作义在北平中南海居仁堂会议厅召集高级军政人员会议，宣布《关于和平解决北平问题的协议》要点。大多数人赞同协议，第四兵团司令官李文和第九兵团司令官石觉提出，因为他们是蒋介石的学生，不能留下执行协议，愿意带几个师长回南京。傅作义根据和解放军事先商定的意见，当即同意，但要他们当场指定离职后的代理人，不要影响部队执行协议。会后，傅作义把协议要点正式下达到所属各部队执行。

1月22日凌晨4时，尽管北平和平解放在即，但毛泽东对是否能够完满地解决20多万敌军出城改编一事仍然不很放心。他为中央军委起草致林彪、罗荣桓、刘亚楼电，告诫他们：“北平二十余万敌军出城改编，你们须令各兵团、各纵队首长均看作一件大事，全军紧张地周密地在你们的统一指挥下对付这一个大事件，达到完满地处理此事件之目的，务必不要有轻敌疏忽之观点。”②

①《毛泽东年谱》（1893—1949）修订本下卷第443—444页。
②《毛泽东年谱》（1893—1949）修订本下卷第444页。

这一天，北平《平明日报》等报纸发表了《协议》的要点。当晚，傅作义又委托阎又文在中山公园举行中外记者招待会，正式宣布关于北平和平解放的《傅作义文告》。在南京的国民党中央社很快即发表了这一文告。

1月26日，北平城内国民党守军开始以师为单位，分别开出城外，到指定地点听候改编。首先开出城外的是傅作义部骑四师，接着是“中央军”第四兵团、第九兵团等部，傅作义部暂编一零四军最后出城。28日，傅作义撤离中南海，回到北平西郊原总部所在地。到31日，国民党守军全部撤出北平。

国民党军队撤出城后，人民解放军进城担负警备任务。我军入北平后对市民怎样进行宣传，毛泽东对这样的问题十分重视。本来，东北野战军政治部拟出了16条口号。1月26日，毛泽东看到后，立即给林彪等人去电报，指出：“我军入北平，只宣传约法八章及毛主席一月十四日声明。”他指出有些口号不宜在平、津这样的大城市张贴：“‘实行土地改革’一条，实行于大城市附近的种菜地有很多不适宜的地方，乡村中的土地改革办法，决不能施行于大城市附近。‘消灭封建势力’一条宣传出去，必致惊动许多老官僚、老军阀及大批藏在北平的土豪劣绅，以为就要动他们了，他们将大起恐慌，埋藏财物，对于我们将来逐步地用征税方法或其他适当方法去吸收他们适当分量的财富归公的政策，会要发生困难。目前时期，在大城市中，对于这类封建财富，以保存不动为有利。”①

1月31日，人民解放军第四十一军第一二一师开始入城接防。北平宣告和平解放。至此，平津战役历时64天胜利结束，共歼灭和改编国民党军队52万多人，解放了华北的大部分地区。当日，新华社发表《关于解放北平》的重要电讯稿，评论说：“北平的解放是

①《毛泽东年谱》（1893—1949）修订本下卷第447页。

伟大的中国人民革命运动中最重要的军事发展和政治发展之一”,“乃是执行中国共产党毛泽东主席所宣布的八项和平条件以和平方法结束战争的第一个榜样”。

2月1日，毛泽东为新华社写下关于北平问题和平解决的基本原因的新闻稿，指出：和平解决北平问题的基本原因是人民解放军的强大与胜利。北平人民，包括劳动人民、资产阶级及绅士们在内，一齐渴望和平解决，又是一个原因。北平和平解决的再一个原因，是近20万的国民党军队除少数几个死硬分子外，从兵士们到将军们，一概不愿打了。

2月2日，中共中央向林彪、罗荣桓、聂荣臻、薄一波及东北、

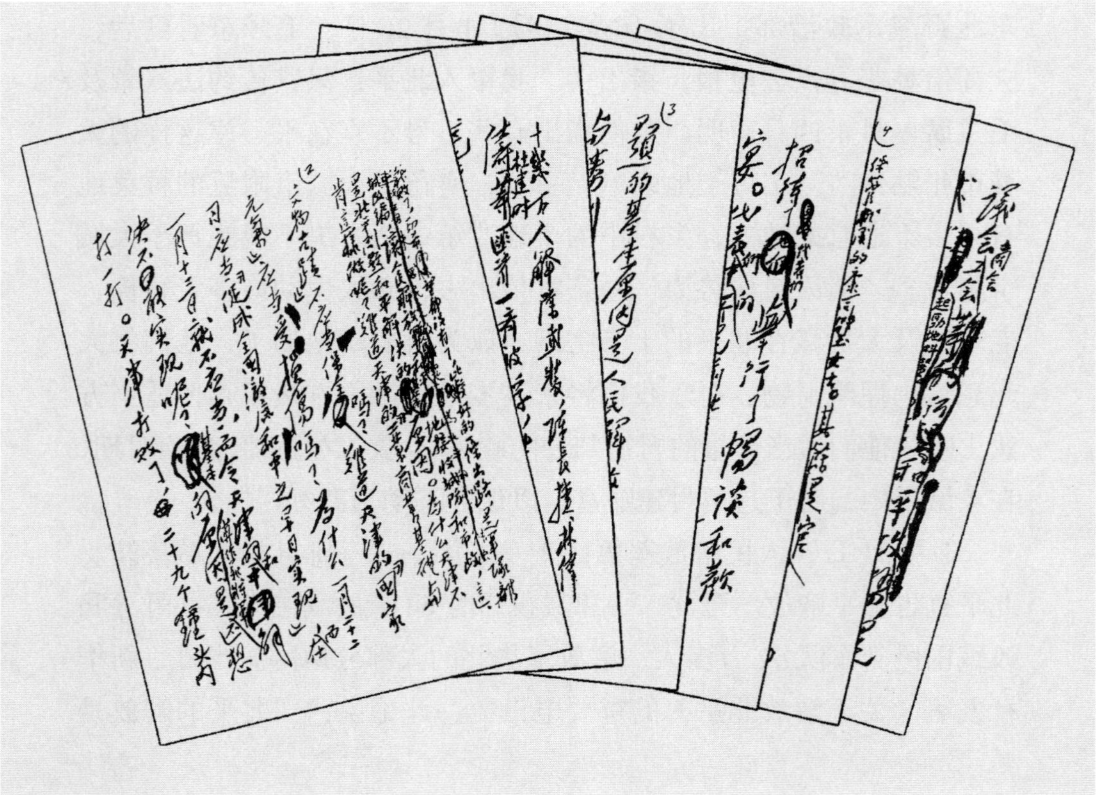

▲ 1949年2月1日，毛泽东起草的北平问题和平解决的基本原因（部分）

华北人民解放军全体指战员发出北平解放贺电。抵达解放区的李济深、沈钧儒、马叙伦等56名著名民主人士，也于此前一天为北平的解放向毛泽东主席、朱德总司令和中国人民解放军发了贺电，称赞“北平古都兵不血刃而告光复，武功彪炳，空前未有”。

2月3日，人民解放军举行了进驻北平的入城式。从上午10时开始，人民解放军的装甲兵、炮兵、骑兵、步兵方队陆续入城。古老的北平一片欢腾，庆祝古都和平地解放。外国通讯社的一则电讯称：“中国人民解放军入城式，规模空前未有，士气十分高涨，装备异常精良，实为一支强大的有战斗力的部队。”

5 继续做傅作义的工作

北平问题和平解决，傅作义虽然做出了不少贡献，但在开始时他的思想并未完全转变过来。双方达成北平和平解决协议后，傅作义准备向全国发一个通电。林彪等人把傅作义的通电稿传给中央军委，并认为从通电内容上看，傅在政治上还未站到人民方面来，公开发表这样的通电不适宜。2月3日，毛泽东为中共中央起草复电，指示：“对傅态度如新华社公开所表示者，他过去做的是错的，此次做的是对的。他的战犯罪我们已经公开宣布赦免，断不会再有不利于他的行动。他不应当搞什么中间路线，应和我们靠拢，不要发表不三不四的通电，应发表站在人民方面即我们方面说话的通电。如果他暂时不愿发这样的通电，也可以，等一等想一想再讲。以上态度应向傅本人及傅左右公开明确反复说明，特别是对邓宝珊、周北峰、王克俊、阎又文诸人你们要多做工作。目前留傅住在北平（城内或城外）对改编傅部和争取太原、武汉、南京、上海的局部和平解决都有必要，目前不要让他飞到绥远去。将来他去绥远或他处都是可以的。入城后，请林彪和傅、邓见面扯开谈一次。”①

2月8日，林彪按照毛泽东的电报指示，和聂荣臻、叶剑英一起，在北京饭店宴请傅作义、邓宝珊，赞扬傅作义为和平解决北平所做的贡献，希望他今后为人民服务。傅作义表示今后愿意接受共产党的领导，为人民服务。

之后傅作义又提出打算亲自去石家庄拜会毛泽东。叶剑英请示中央可否，2月20日，毛泽东为中央起草复电，欢迎傅作义、邓宝珊来此一谈，请问傅、邓是否同意，如愿来时，不要带任何随从，并要对谈话地点保守秘密。

2月21日，毛泽东又为中共中央起草复林彪等人前一天电报的复电：傅、邓工作问题，待他们来中央谈过后再考虑。至于傅自己的通电，我们希望他好好写一个，要有自我批评，要表示反对美帝反对国民党反动统治，赞成中共政策，愿受中共领导，如傅能发此通电，对于教育傅部及对全国均将有好影响。

2月22日，傅作义、邓宝珊飞抵石家庄，随即乘车前往中共中央驻地西柏坡。毛泽东同周恩来一起到住处看望了他们。这是傅作义首次见毛泽东。当时傅穿着军装，对毛泽东行军礼，庄严肃穆。毛泽东握着傅作义的手说：“过去我们在战场见面，清清楚楚，今天我们是姑舅亲戚，难舍难分。蒋介石一辈子要滑头，最后还是你把他甩掉了。”在说到对傅作义原有人员的政策时，毛泽东说：“我俘虏你的人员，都给你放回去。你可以接见他们。我们准备把他们都送到绥远去。”傅作义说：“给我？我怎么处理呢？还要送到绥远去，为什么呢？”毛泽东说：“国民党不是一贯宣传共产党杀人放火，共产共妻吗？他们到了绥远，可以现身说法，共产党对他们一不搜腰包，二不侮辱人格，可以帮助在绥远的人学习学习，提高

①《毛泽东年谱》（1893—1949）修订本下卷第451页。

认识嘛。这些人我们以后还要用哩！”谈到绥远问题，毛泽东说，“有了北平的和平解放，绥远的问题就好解决了。可以先放一下嘛，等待他们起义。绥远问题可以用‘绥远方式’来解决。”傅作义问：“绥远方式将是怎样的一种方式？”毛泽东说：“‘绥远方式’就是不用军事作战的一种方式。先划个停战协定线，让董其武慢慢做好他的内部工作。另一方面派个联络组，把铁轨接通，把贸易搞起来，然后再看董其武，他什么时候觉得可以举行起义，就什么时候起义。你也可以先派些人去，协助董其武搞。你不久也可去看你的旧部队。”

在见面快结束时，毛泽东问傅作义：“傅将军，你愿意做什么工作？”傅说：“我想，我不能在军队里工作了，最好让我回到河套一带去做点水利建设方面的工作。”毛泽东说：“你对水利工作感兴趣吗？那河套水利工作面太小了，将来你可以当水利部长嘛，那不是更能发挥作用吗？军队工作你还可以管，我看你还是很有才干的。”

毛泽东的这次会见和谈话，使傅作义深受鼓舞，疑虑顿消，心情马上变得轻松愉快起来，同会见前判若两人。

3 月 25 日，刚从西柏坡到达北平的毛泽东，在西苑机场检阅人民解放军，傅作义应邀参加了检阅仪式。当他看到威武雄壮的受阅部队都是装备的从国民党军队手中缴获来的美式武器时，百感交集。3 月下旬，平津战役中被人民解放军俘获的原傅作义部高级将领和所有人员，一律被宽大处理，绝大多数释回北平。傅作义在原华北总部会见了他们，并向他们传达了毛泽东在西柏坡同他的谈话。

4 月 1 日，傅作义向全国发出了北平和平解放通电，叙述了北平问题和平解决的情形和国民党发动内战给人民带来的灾难及其失败的原因，希望一切有爱国心的国民党军政人员，应以北平和平为开端，努力促使全国和平迅速实现。通电表示今后愿拥护中共毛泽东主席的领导，实行新民主主义，和平建设新中国。这一通电，不但在国内各大报纸上发表，而且作为大会文件在布拉格世界和平会议上印发。

4月2日，毛泽东亲自复电傅作义将军："四月一日通电读悉。南京国民党反动政府发动反革命内战的政策，是完全错误的。数年来中国人民由于这种反革命内战所受的浩大灾难，这个政府必须负责。但是执行这个政策的国民党反动政府的文武官员，只要他们认清是非，幡然悔悟，出于真心实意，确有事实表现，因而有利于人民解放事业之推进，有利于用和平方法解决国内问题者，不问何人，我们均表欢迎。北平问题的和平解决，贵将军与有劳绩。贵将军复愿于今后站在人民方面，参加新民主主义的建设事业，我们认为这是很好的，这是应当欢迎的。"①

6 一个战役和"三种方式"

在1949年3月举行的中共七届二中全会上，毛泽东提出了今后解决国民党残余部队的三种方式，即天津方式、北平方式、绥远方式。毛泽东说："辽沈、淮海、平津三战役以后，国民党军队的主力已被消灭。国民党的作战部队仅仅剩下100多万人，分布在新疆到台湾的广大的地区内和漫长的战线上。今后解决这100多万国民党军队的方式，不外天津、北平、绥远三种。用战斗去解决敌人，例如解决天津的敌人那样，仍然是我们首先必须注意和必须准备的。""按照北平方式解决问题的可能性是增加了，这就是迫使敌军用和平方法，迅速地彻底地按照人民解放军的制度改编为人民解放军。用这种方法解决问题，对于反革命遗迹的迅速扫除和反革命政治影响的迅速肃清，比较用战争方法解决问题是要差一些的。但是，这种方

①《毛泽东年谱》（1893—1949）修订本下卷第473页。

法是在敌军主力被消灭以后必然地要出现的，是不可避免的；同时也是于我军于人民有利的，即是可以避免伤亡和破坏。”“绥远方式，是有意地保存一部分国民党军队，让它原封不动，或者大体上不动，就是说向这一部分军队作暂时的让步，以利于争取这部分军队在政治上站在我们方面，或者保持中立，以便我们集中力量首先解决国民党残余力量中的主要部分，在一个相当的时间之后（例如在几个月，半年，或者一年之后），再去按照人民解放军制度将这部分军队改编为人民解放军。这是又一种斗争方式。”①

这三种方式的总结和提出，是毛泽东在国民党军队主力被歼后的新形势下军事战略思想的又一个转变，是他关于军事斗争和政治斗争互相结合的思想的新的运用和发展。后来国民党残余军队的解决，也基本是按照这三种方式解决的。而这三种方式，都和平津战役有关，都和傅作义有关。因为绥远方式是在北平方式影响下形成的，绥远问题的解决，傅作义也施加了一定的影响。一个战役产生出对全国解放具有普遍意义的三种方式，这是平津战役的又一重大意义所在，这是毛泽东指挥平津战役的又一重大意义所在。这也是我们为什么不厌其详地要把毛泽东有关傅作义的电报、指示等罗列出来的原因所在。因为处理好傅作义的问题，不是战役问题，而是战略问题；不是一个仅仅影响北平或华北的局部问题，而是会影响全国其他地方的全局问题。毛泽东之所以在 1949 年的最初一段时间里，连篇累牍地起草左一封、右一封关于傅作义问题的电报，那是具有另一层深义的。这又从另一个方面显示出毛泽东的战略家素质，显示出毛泽东指挥平津战役的不一般的意义。

①《毛泽东选集》第四卷第 1424—1425 页。

三、转移工作重心

1 党的工作重心转移思想的提出

1949年3月5日，毛泽东在西柏坡向参加党的七届二中全会的代表们作报告。他向代表们宣布：从1927年到现在，我们的工作重点在乡村，在乡村聚集力量，用乡村包围城市，然后取得城市。采取这样一种工作方式的时期现在已经完结。从现在起，开始了由城市到乡村并由城市领导乡村的时期。党的工作重心由乡村转移到了城市。他强调：党和军队的工作重心必须放在城市，必须用极大的努力去学会管理城市和建设城市。他还进一步提出了以生产建设为中心的思想。他说：只有将城市的生产恢复起来和发展起来了，人民政权才能巩固起来。城市中其他的工作，“都是围绕着生产建设这一个中心工作并为这个中心工作服务的”。[①]

深谋远虑的毛泽东，及时向全党提出了工作重心转移这一深刻的思想和重大的部署，在中国共产党的历史上，不失时机地领导了又一场伟大的历史转折。

毛泽东关于党的工作重心转移的思想，其实在这之前将近一个

①《毛泽东选集》第四卷第1428页。

月，就已经有所表露。2 月 8 日，他在为中央军委起草致几个野战军和中央局的电报中，就明确提出：“今后将一反过去二十年先乡村后城市的方式，而改变为先城市后乡村的方式。”[①] 这正是中国共产党在革命即将取得全国胜利时工作重心转移这一战略思想的先声。这表明了毛泽东这位战略家的深谋远虑，也表明了毛泽东这位领袖人物洞察时势、见于未然，先人一步、高人一筹的特质。

2 力避战争对城市的破坏

以城市为重心，首先就要在战争中力争不破坏或少破坏城市。毛泽东对此非常注意。

1949 年 1 月 3 日，毛泽东专门为中央军委起草一封电报给四野领导人，要他们研究“在攻击天津时，是否有办法使工业区避免破坏或减少破坏的程度”[②]。三天后，他又电示四野领导人：“如果天津其他区域的敌军均已解决，仅剩下工厂区的敌军而又有可能采用劝降方法解决，则应试图采用劝降方法，以便减少破坏。”[③]1 月 9 日，当获知平津守军领导人傅作义的代表提出要让傅方军队调出平、津两城，接受改编的消息时，毛泽东指示四野领导人说：为避免平、津遭受破坏起见，人民解放军方面可照傅方代表的提议实施。后来，天津守军顽抗到底，人民解放军不得不通过战斗解放天津；但北平守军则接受了改编，使北平得以和平解放，没有受到战争破坏。

之后，毛泽东又用了很大气力，先后用政治解决的方式，争取了湖南、绥远、新疆、云南、西康、西藏等省的和平解放，避免了

①《毛泽东年谱》（1893—1949）修订本下卷第 453 页。
②《毛泽东年谱》（1893—1949）修订本下卷第 431 页。
③《毛泽东年谱》（1893—1949）修订本下卷第 431 页。

战争对这些地方的破坏。

③ 要接收并管理好城市

以城市为重心，必须学会接收并管理好城市。毛泽东对此也倾注了很大注意力。

在过去的城市接管工作中，曾经发生过一些不好的情况，有的地方出现乱抓物资、乱抢机器的现象，使工业受到很大破坏；有的干部随便往城里跑，乱拿东西，有的还发生了贪污腐化。

还在1948年12月13日，毛泽东在确定了关于平、津战役的作战方针后仅两天，就下达指示，要聂荣臻、彭真、叶剑英、黄敬几

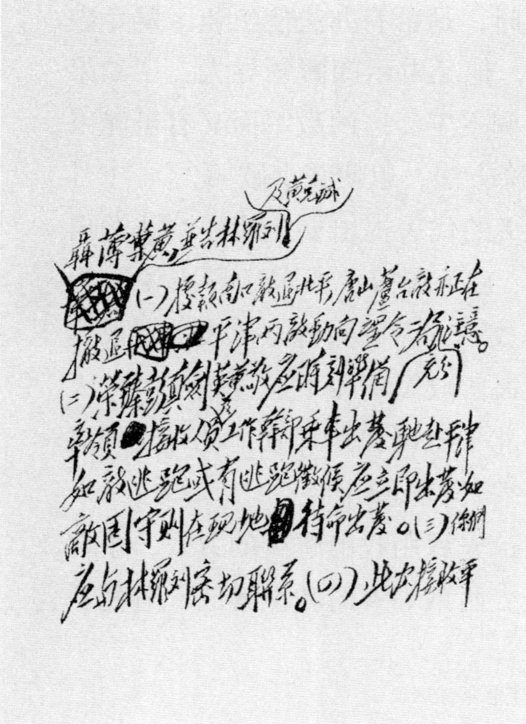
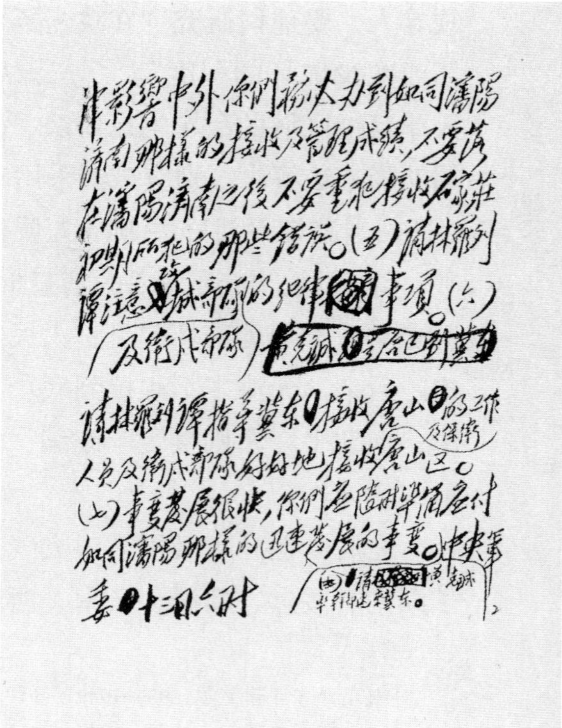

▲ 1948年12月13日，毛泽东起草的中央军委关于准备接收北平、天津、唐山的指示

人“时刻准备率领接收人员及工作干部乘车出发驰赴平、津”。他交代说：“此次接收平、津影响中外，你们务必办到如同沈阳、济南那样的接收及管理成绩。”[①] 第二天，毛泽东又代中共中央致电各中央局、各分局和各前委，把陈云同志写的关于接收沈阳经验简报转发他们，电报说：“此报告甚好，可供你处接收城市时参考。”[②] 毛泽东转发的沈阳接收办法是：各按系统，自上而下，原封不动，先接后分。

1949 年 2 月 8 日，毛泽东在给几个野战军和中央局的电报中，对接收和管理城市作了详细的指示。他要求准备渡江的军队在战前必须“着重学习政策，准备接收并管理大城市”[③]。他还要求军队干部应当全体学会接收城市和管理城市，懂得在城市中善于对付帝国主义和国民党反动派，善于对付资产阶级，善于领导工人和组织工会，善于动员和组织青年，善于团结和训练新区的干部，善于管理工业和商业，善于管理学校、报纸、通讯社和广播电台，善于处理外交事务，善于处理各民主党派、人民团体的问题，善于调剂城市和乡村的关系，解决粮食、煤炭和其他必需品的问题，善于处理金融和财政问题。

5 月 23 日，毛泽东在审阅修改中央给华东局并告华中局、西北局的电报时，特意加写了一段话，说：“据平、津经验，接管时对于企业物资（工厂出品及企业已交政府的仓库存货）不要当作战利品没收分配消耗掉，要当作企业的货品（本来是企业的货品），卖出钱来，归企业使用，否则企业失掉这批资本之后继续开工十分困难，势必又要政府投资给企业才能开工。此事望通令各城市注意。”[④]

5 月 26 日，毛泽东特地向华东局、华中局、西北局、南京市委

①《毛泽东年谱》（1893—1949）修订本下卷第 419 页。
②《毛泽东年谱》（1893—1949）修订本下卷第 420 页。
③《毛泽东年谱》（1893—1949）修订本下卷第 453 页。
④《毛泽东年谱》（1893—1949）修订本下卷第 509 页。

通报了平津接收企业的经验，说："据平、津经验，我占城市初期，如果接收企业的人员只准备接收，不准备经营，待接收之后再派人经营，则接收人员存五日京兆之心，无心经营，浪费物资，对企业生产损失甚大。因此，接收初期派去接收企业的负责人，即应尽可能选择那些可以付托他们经营的人们，嘱咐他们不但要接好，而且要管好，使生产不受损失。"[①] 此外，毛泽东又重申了5月23日电报中他加写的那段话的意思，特地要求他们转知所属注意。

像这样一而再、再而三地叮咛嘱咐，像这样从宏观到微观的详细指导，可见毛泽东对我军接收城市、管理城市的重视，可见毛泽东在为我军接收并管理好城市方面所花费的巨大心血以及所做出的重大贡献。

4 如何安置原有人员——"三个人的饭五个人匀吃"

城市接管下来后，有一个怎样安置原有人员的问题。开始曾采取裁减一些旧人员并把城市人口疏散出去的做法，如南京、上海、杭州解放后，就曾裁减了27000多旧人员。但不久就发觉这样不行。1949年9月3日，毛泽东给在上海的华东局负责人发了一份电报，明确指示他们："不轻议迁移，不轻议裁员。着重整理税收，以增加收入。三个人的饭五个人匀吃。多余人员，设法安插到需要人的岗位上去。自愿和可能迁移的工厂、学校，必须精密筹划，到新地后能够维持下去，并有前途，否则不要迁移。对难民的迁移，亦须如此。着重节约那些本来可以减少的开支，但不要减少那些必不可少的开支。着重反对浪费，从这里可以得到一笔很大的钱。……已裁的二万七千人，是一件大事，已引起很多人不满，应加以处理。

①《毛泽东年谱》（1893—1949）修订本下卷第511页。

其办法是立即加以调查，分别自己有办法生活和自己无法生活的两类，对于后一类人，应予收回，给以饭吃。现在无事做，也应给以饭吃，维持他们，使他们活下去，否则政治上对我们极为不利。”毛泽东算了一下账说：“就全局来说，全国养九百万至一千万人是完全有办法的。”[①] 毛泽东的这一指示，十分重要，对于稳定当时刚刚接管下来的城市，对于稳定当时大难甫平、人心思定的社会，都起到了十分重要的作用，体现了一个政治家从大处着眼、从大局考虑、不算经济小账而算政治大账的宏韬伟略。

5 城市工作的重心是恢复和发展生产

城市接管下来后，最重要的是要恢复和发展生产。毛泽东把恢复和发展生产放在了十分重要的位置上，认为这是城市工作的重心所在。

1949 年 3 月，他在七届二中全会上作报告时，就已经告诫全党：从我们接管城市的第一天起，我们的眼睛就要向着这个城市的生产事业的恢复和发展。务须避免盲目地乱抓乱碰，把中心任务忘记了。他还提出在已经解放了的北方，党在这里的中心任务，是动员一切力量恢复和发展生产事业。这是一切工作的重点所在。

5 月 21 日，毛泽东看到了华东局对无锡市恢复和发展生产的指示，觉得很好，便专门用电报给华中局转去，并请他们“充分注意抓紧对于新占各城市的政策指导”[②]。

为了利于生产的恢复，6 月 4 日，他指示中央致电有关地方党委：上海、汉口、南京、九江的对外贸易，应力求有准备地迅速地恢复，应即设立对外贸易机构管理其事。

①《毛泽东文集》第五卷第 335 页，人民出版社 1996 年出版。
②《毛泽东年谱》（1893—1949）修订本下卷第 506 页。

6 “今后工作重心在于建设”

毛泽东在1949年考虑的党的工作重心的转移，除了从乡村转到城市以外，还有一个就是要从革命战争转到经济建设。

1949年6月1日，毛泽东同朱德、周恩来、董必武给中国民主同盟的主席张澜发了一份电报，电报中说：“革命战争迅速发展，残敌就歼为期不远。今后工作重心在于建设，亟盼各方友好共同致力。”①

6月15日，毛泽东在新政治协商会议筹备会上讲话时，也把恢复和发展经济作为今后党和政府的两项工作重点之一。他说：“中国民主联合政府一经成立，它的工作重点将是：（一）肃清反动派的残余，镇压反动派的捣乱；（二）尽一切可能用极大力量从事人民经济事业的恢复和发展，同时恢复和发展人民的文化教育事业。”②

6月30日，为了纪念中国共产党成立28周年，毛泽东写下《论人民民主专政》这篇著名的文章。在文章的最后一部分，他说：党在过去28年仅仅做了一件事，就是取得了革命战争的基本胜利。今后我们的事情还很多。“严重的经济建设任务摆在我们面前”。“帝国主义者算定我们办不好经济，他们站在一旁看，等待我们的失败”。他要求全党，“我们必须学会自己不懂的东西。我们必须向一切内行的人们（不管什么人）学经济工作。拜他们做老师，恭恭敬敬地学，老老实实地学”。③

为了搞好经济建设，1949年4月，毛泽东提出了“四面八方”的经济政策。所谓四面，就是公私关系、劳资关系、城乡关系、内

① 《毛泽东年谱》（1893—1949）修订本下卷第514页。
② 《毛泽东选集》第四卷第1466页。
③ 《毛泽东选集》第四卷第1481页。

外关系；所谓八方，就是公私两方、劳资两方、城乡两方、内外两方。这“四面八方”政策的具体内容是：公私兼顾，劳资两利，城乡互助，内外交流。毛泽东要求全党，从四面八方努力，把四面八方照顾到，实现发展生产的目的。

7 正确对待民族资产阶级

恢复和发展经济，在 1949 年的情况下，争取民族资产阶级的参加和保护民族工商业是一个重要的方面。

1949 年初，毛泽东指示中共中央华北局统管北平、天津两市的接管工作。华北局书记薄一波在赴北平之前，专门去见毛泽东。毛泽东嘱咐他说：城市接收工作主要是接受官僚资本；对民族工商业要好好保护，接收工作要“原封原样，原封不动”，让他们开工，恢复生产，以后再慢慢来。做好城市工作要依靠工人阶级，还要团结好民族资产阶级，跟他们保持长期的统一战线。这就提出了在当时的历史条件下保护民族工商业和团结民族资产阶级的重要思想。

1949 年 2 月初，毛泽东在同苏联共产党中央政治局委员米高扬谈话时就谈了中国共产党对待民族资产阶级的政策，毛泽东说：中国民族资产阶级是很软弱的，我们对这部分人采取联合、利用、改造的方针，使其为祖国建设服务。我们利用了他们的积极性，也给了他们以施展才能的机会、参与国事的权利和应有的社会地位。为发展生产建设，应使人尽其才，物尽其用。总之，在恢复和发展生产中，必须发挥和利用民族资产阶级的积极性。

1949 年 4 月 7 日，毛泽东起草了给邓小平等人的电报，告诉他们：“上海民主建国会主要负责人黄炎培、章乃器、盛丕华、包达三、张䌹伯、施复亮等已到北平，表示向我们靠拢。他们是上海自由资产阶级的代表，我们认为，接收及管理上海如果没有自由资产

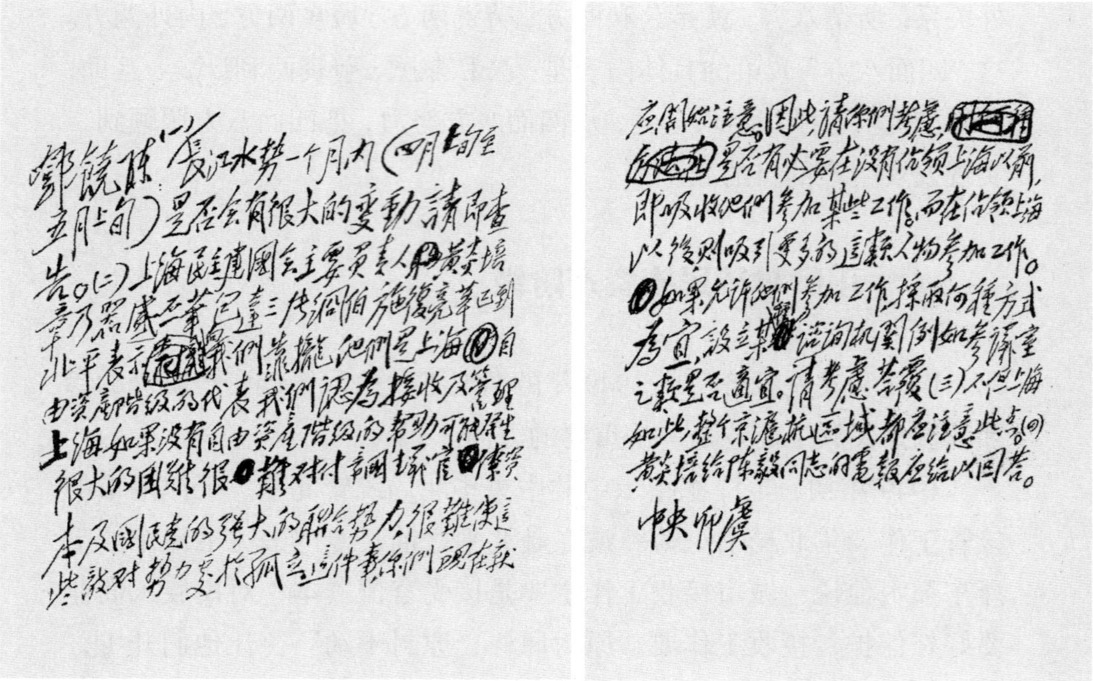
邓饶陈：(一)长江水势一个月内（四月上旬至五月上旬）是否会有很大的变动，请即查告。(二)上海民主建国会主要负责人黄炎培、章乃器、盛丕华、包达三、俞寰澄、施复亮等已到北平，表示[illegible]。他们是上海自由资产阶级的代表。我们认为接收及管理上海，如果没有自由资产阶级的帮助，可能发生很大的困难，很难对付帝国主义、官僚资本及国民党的强大的联合势力，很难使这些敌对势力处于孤立。这件事你们现在就应注意。因此，请你们考虑，是否有必要在没有占领上海以前，即吸收他们参加某些工作，而在占领上海以后，则吸引更多的这类人物参加工作。如果允许他们参加工作，采取何种方式为宜，设立某种咨询机关，例如参议室之类是否适宜，请考虑答覆。(三)不但上海如此，整个京沪杭区域都应注意此点。(四)黄炎培给陈毅同志的电报应给以回答。

中央卯虞

▲ 1949 年 4 月 7 日，毛泽东起草的中央关于京沪杭地区应注意吸收自由资产阶级代表参加工作的指示

阶级的帮助，可能发生很大的困难，很难对付帝国主义、官僚资本及国民党的强大的联合势力，很难使这些敌对势力处于孤立。这件事，你们现在就应开始注意。因此，请你们考虑，是否有必要在没有占领上海以前，即吸收他们参加某些工作。而在占领上海以后，则吸引更多的这类人物参加工作。”“不但上海如此，整个京、沪、杭区域都应注意此点。”①

5 月 6 日，毛泽东为中央军委起草给负责江、浙一带作战的指挥员的电报，特意指示他们：“在占领绍兴、宁波等处时，要注意保护宁波帮大中小资本家的房屋财产，以利我们拉住这些资本家在

①《毛泽东年谱》（1893—1949）修订本下卷第 477—478 页。

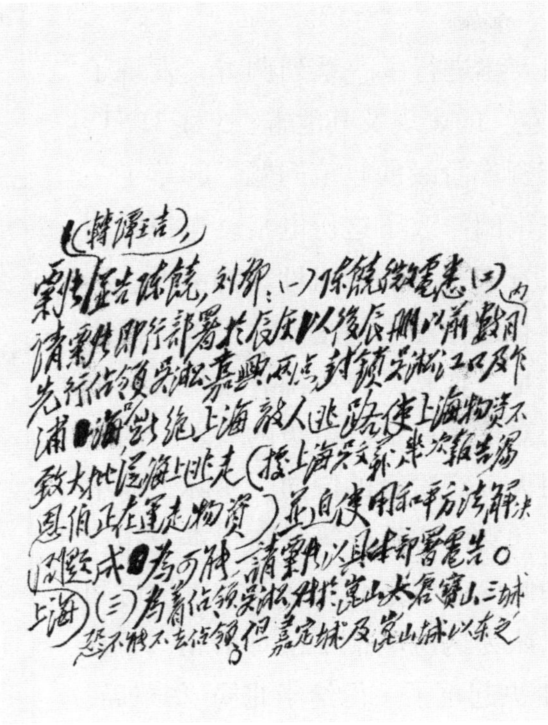

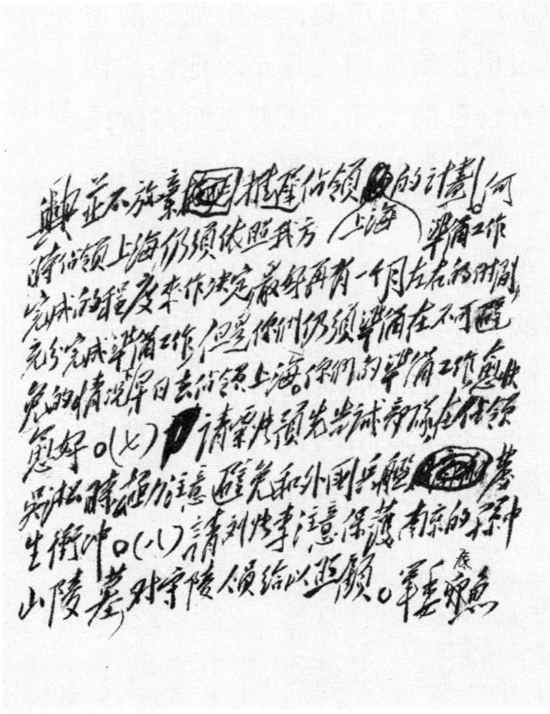

▲ 1949 年 5 月 6 日，毛泽东起草的中央军委给粟裕、张震等的指示电

上海和我们合作。”[①]

1949年4月、5月，刘少奇到天津进行了一系列调查，发现了党内在对待民族资产阶级问题上“左”的表现及其危害。5月31日，刘少奇代中共中央专门就对待民族资产阶级的政策问题，起草了一封给东北局的电报。当天，毛泽东审阅修改了这份电报。电报中列举说：“在党内思想上只强调私人资本主义的投机性、捣乱性。”毛泽东在此特意加上一句话：“具有这种性质的是无益于国计民生的私人资本，例如投机商业等，不是一切私人资本都有投机性、捣乱性。”这份电报在列举了一系列对待民族资产阶级的“左”的表现后说：“这是一种实际上立即消灭资产阶级的倾向，实际工作中的‘左’倾冒险主义的错误路线，和党的方针政策是在根本上相违反的。据说东北城市工作也有这种倾向，望东北局立即加以检讨和纠正。”毛泽东改完这份电报后，认为这份电报不仅对东北，而且对全国都具有指导意义，于是又为中央起草了一份给华北局、华东局、华中局、西北局、山东分局、平津济沪宁汉诸市委，各野战军前委的电报，把中央给东北局的这份电报也发给他们，并要求他们“转发各市委、省委、区党委，据以检查自己的工作，认真克服对待民族资产阶级的‘左’倾机会主义错误”。并特别强调：“如果不克服此种错误，就是犯了路线错误。”[②]

1949年8月21日，毛泽东在得悉上海的产业界提出国内可生产的工业品，请东北尽量在国内采购，不要再由苏联输入；由苏联换来的大量花标布在平津销售，把中纺的生活都断绝了等意见后，专门为中央起草了一份电报给东北局，把上述情况告诉他们，请他们“加以注意，使上海民族资本家有出路”[③]。

---

①《毛泽东年谱》（1893—1949）修订本下卷第498页。
②《毛泽东年谱》（1893—1949）修订本下卷第514页。
③《毛泽东年谱》（1893—1949）修订本下卷第555页。

在中华人民共和国成立前夕，毛泽东曾同上海的工商界人士见过一次面。

有工商界人士问：“共产党的经济方针是什么？”

毛泽东说：“我们的方针是‘唯利是图’。”

工商界人士一听，很高兴地问：“共产党也唯利是图吗？”

毛泽东说：“是的，不过有点区别，我们是唯人民的利益是图，而不是唯个人的利益是图。”

工商界人士愿意自称产业界，而不愿听“资本家”这个词，他们对毛泽东讲：“你们一讲资本家剥削，我们就浑身发抖。”

毛泽东为他们解疑释惑说：“你们产业界在中国是四个朋友之一，我们是联合你们的。”

工商界人士半信半疑地问：“那么产业界的地位摆在哪里呢？报纸上只说工人如何好和资本家如何坏，我们在报纸上的地位太不清楚了，而且是危险的。”

毛泽东回答说：“讲革命当然是无产阶级第一，他们无所顾虑，坚决斗争。但在城市里讲生产，还是你们第一。”

毛泽东的一番话，让工商界人士吃了一颗定心丸。

8 实现南北“三通”

为了充分发挥民族资产阶级在经济恢复中的作用，在人民解放军渡江前，尽管当时诸事纷繁，毛泽东还是十分关心长江南北的通航、通商、通邮等问题。

1949 年 2 月 10 日，当南京人民和平代表团到北平与中国共产党商谈国是时，毛泽东电示接谈的共产党代表叶剑英说：“你们应对代表们表示，对于天津、上海恢复通船、通邮及商业联系感兴趣，如果他们在此点上能起某些作用，我们是欢迎的。”

在这之前，2月7日，全国轮船业联合会理事长杜月笙和上海市轮船业公会理事长魏文瀚，曾致电毛泽东和周恩来，称准备派船到华北，并派员接洽与华北通航事宜。同时运来30万吨面粉，同开滦煤矿交换10万吨煤南运。由“大上海”“唐山”两轮往返分运，随带邮件。2月13日，毛泽东与周恩来联合复电杜月笙、魏文瀚，告诉他们：“恢复华北、上海间航运，以利生产之发展，极为必要。”电报对他们派“大上海”“唐山”两轮北驶，并派员至华北接洽，极表欢迎。电报还告诉他们，“所谓华中、华南中国船舶开往华北口岸，将不许其驶返原地，纯系报纸造谣”。希望他们“不应置信”。同时，毛泽东又电示天津市委等有关方面说：“恢复华北、上海间航运极为重要，‘大上海’轮到后你们应妥为办理这批生意，对魏文瀚等来访应予接待，并与洽商恢复船运事宜。”①毛泽东还亲自起草了新华社陕北十三日电讯一则，把以上情况公之于众，《人民日报》于2月15日刊载了这则电讯。

2月14日，在“上海和平代表团”一行四人即将到达北平之时，毛泽东又电示北平接谈的有关领导人说：“对南北通船、通航、通邮、通电四事，你们应表示关切。津、沪通船现已开始，北平通电未停，天津亦可恢复通电，平、津民航及通邮，均可考虑恢复。”②

第二天，毛泽东又专门起草了一封发给各中央局、各前委的普发电报，指示全党：“为了（一）恢复南北商业联系，发展生产；（二）使南方各大城市资产阶级了解我党政策措施，便利我们在占领南方各大城市时孤立国民党，顺利地接收、管理和发展各大城市的生产；（三）使轮船、飞机、邮政、电报从国民党手中转入我们手中等项目的，我们对于不论何种轮船业、民航公司（中航、央航），都应当允许其先在平、津、秦皇岛恢复通航。北平电讯局未停，天津电讯局亦

①《毛泽东年谱》（1893—1949）修订本下卷第457页。
②《毛泽东年谱》（1893—1949）修订本下卷第458页。

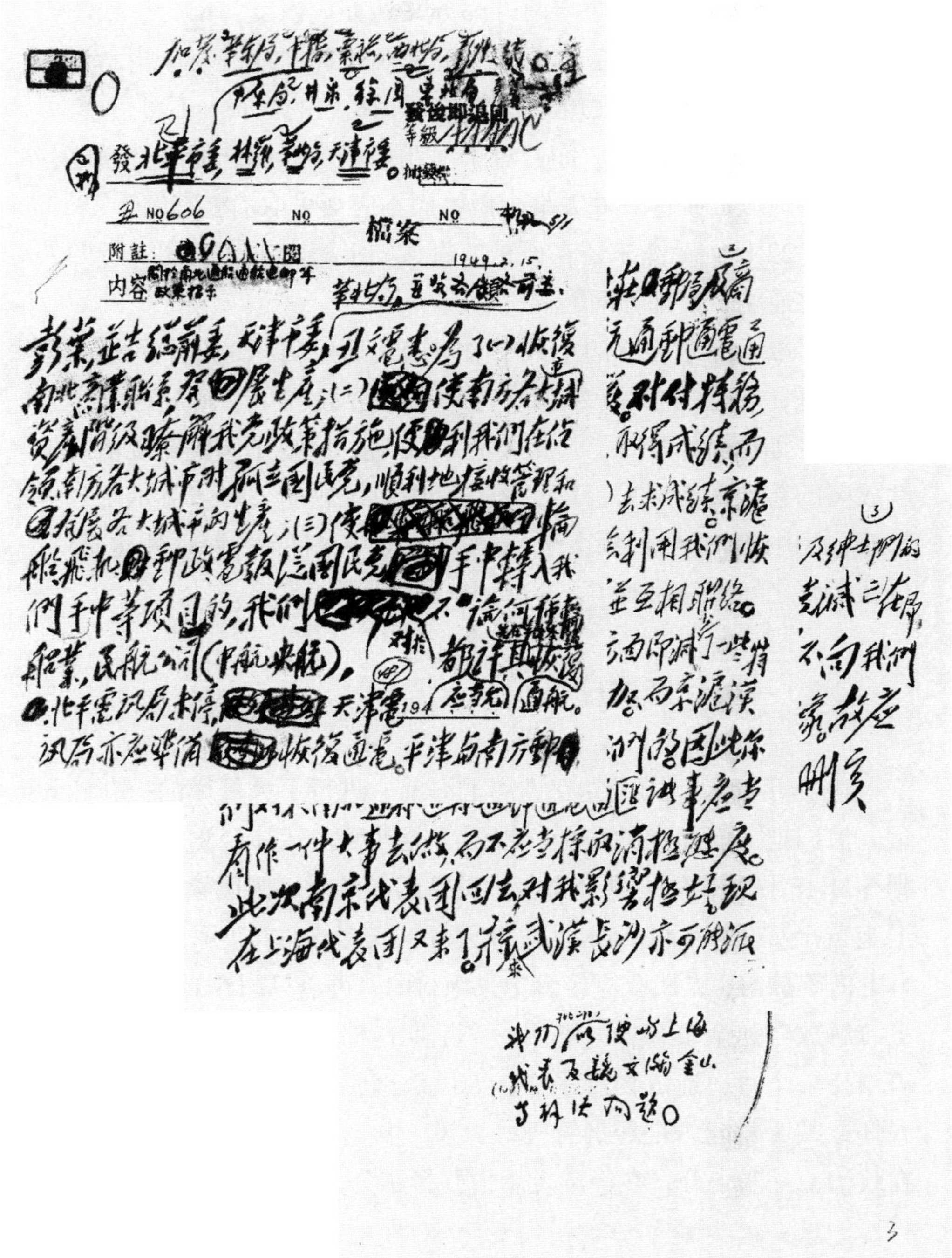

▲ 1949 年 2 月 15 日，毛泽东起草的中央关于南北通船、通航、通邮等政策指示

应准备恢复通电。平、津与南方邮务交通亦应恢复。银行、钱庄、邮局及商家的汇兑，亦应恢复。”毛泽东还详细地进一步指示说：“在通船、通航、通邮、通电、通汇之后，我们的检查，不可过严。”毛泽东特意嘱咐大家：“你们对于南北通船、通航、通邮、通电、通汇诸事，应当看作一件大事去做，而不应当采取消极态度。”①

2月22日，毛泽东还在西柏坡直接同上海和平代表团一行四人谈了南北通航、通邮等问题。

由于以毛泽东为首的中共中央对南北通航问题采取了积极的态度和措施，1949年2月23日，上海航业界驶到华北解放区的“大上海”号等轮船，载回了开滦煤炭4800吨，完成了国民党统治区与解放区的首次商务通航。第二天，美国总统轮船公司“菲尔摩”号轮船，也由天津返航回到上海。这样，不但中商船只，而且外商船只，也在南北之间实现通航了。

9 一场“经济仗”

1949年春天，国民党在逃离上海前，进行了大规模的掠夺和劫运。他们把上海库存的黄金、银元、美钞秘密运往台湾等地分存，到5月18日，最后一批金银美钞被押运离沪时，国民党残余政权共运走黄金277.4万两，银元1520万元，美钞1537万元。到5月27日上海解放前，人民政府接管中央银行时，黄金只剩6180两。另外，上海解放时，全市存煤只够用一个星期，棉花和粮食的存量不够全市维持一个月，造成物价暴涨，人民币面临被挤出的危险。因而有人怀疑共产党能否把经济管理好，说，共产党在军事上得了满分，在政治上是八十分，在经济上恐怕要得零分。

①《毛泽东年谱》（1893—1949）下卷第458—459页。

面对这种严峻的局面，毛泽东和中共中央决定把平抑物价作为稳定经济的中心环节。

1949年5月27日上海解放后，金融投机分子掀起了银元涨价风，银元暴涨一倍以上，造成用人民币不能买到整批的货物，严重影响了生产恢复和市场繁荣。

6月4日，华东财政经济委员会向中共中央呈报《关于打击银元的办法》，6月8日，毛泽东同意中共中央发出《关于打击银元使人民币占领阵地的指示》，明令金条、银元、外币一律由人民银行挂牌收兑，禁止在市场上自由流通，使人民币占领上海货币阵地。同时要求命令铁路交通事业及市政公用事业，一律收人民币；税收一律缴收人民币；通令各私人银行查验资金；开放各解放区之间的汇兑，以老区比较坚强的货币阵地来支持南方新区的货币阵地。6月10日，上海市军管会查封了金融投机的大本营上海证券大楼，沉重地打击了破坏金融的非法活动，取得“银元之战”的胜利。人民币比较顺利地进入上海流通市场。

上海投机商人在“银元之战”中失败后，又转向投机做粮食、棉纱和煤炭的生意，引发又一轮全国涨价风潮。从7月底到10月中旬，上海物价平均涨1.5倍，北京、天津物价平均涨1.8倍。有的人嚣张地说：只要控制了“两白一黑”，就能置上海于死地。

善于迎接挑战的毛泽东和中共中央果断决策，由陈云指挥，以上海为中心，打一场平抑物价的“歼灭战”。在中央的统一部署下，大批粮食、棉纱、煤炭从全国各地紧急调往上海、北京、天津等大城市。11月25日那一天，各大城市按照中央统一部署，一面敞开抛售紧俏物资，使暴涨的物价迅速下跌；一面收紧银根，征收税款。投机商们一方面囤积的物资贬值，一方面周转的资金失灵，两面受困，纷纷破产。仅仅过了半个月，“粮棉之战”便取得决定性胜利。上海的一位资本家事后说：6月银元风潮，中共是用政治力量压下去的；这次只用经济力量就给压住，是上海工商界所料想不到的。

物价平抑后，经毛泽东批准，中共中央又决定统一全国财经工作，由中央人民政府统筹全国的财政收支、物资调度和现金管理，做到统一计划，令行禁止，有效地控制住了通货膨胀的势头，全国老百姓终于过上了物价长期稳定的安心日子。

毛泽东高度评价平抑物价和统一财经这两场斗争的胜利，认为它们的胜利不亚于淮海战役。

⑩ 民主革命的“第二场决战”

经济建设的恢复和发展，一个基本的条件是农村的土地改革。它在毛泽东的心目中，占有十分重要的地位。1949年12月4日，毛泽东在中央政治局会议上说，实行土地制度改革，废除封建土地制度，“这是中国人民民主革命继军事斗争以后的第二场决战”。

面对这样一场千年未有的巨大改革，毛泽东是十分谨慎的。1949年2月初，毛泽东在同苏联共产党中央政治局委员米高扬谈话时，就讲了他对土地改革的想法。他说，土改工作不能同时在所有地区同样地展开。一是要随军事形势的发展而展开；二是要按地区、分阶段来进行。看来，大致要分几个阶段，用数年工夫来完成。先在黄河两岸、中原地区完成土改，再在长江两岸地区进行，然后要在华南及边远地区进行。因为这不仅要把群众发动起来，组织起来，使他们对这个问题有正确的理解，而且还需训练相当数量能掌握政策的干部来领导进行。不可以（即使在我们的政权领导下）用振臂一呼、万众皆起的方式做这件事。土改同时又是一项严肃的政治工作，所以必须把经济与政治这两方面的工作同时都做好。听了毛泽东的话，米高扬深以为然。他给大家讲了自己在十月革命后号召农民进行土改的故事，说：我读了列宁的土地纲领，十分兴奋，立即写了许多号召的标语和传单，散发张贴出去，以为这样就可以完成任务了。结果，一天、两天过去了，农民群众还是一动不动。诧异之余，深入下去了解了情况，才弄明白这本是一件翻天覆地的革命创举。想要无组织、无领导地乱搞，各自为政来进行是不行的。后来还是由政府出面组织推行才完成。

1949 年 4 月 25 日，毛泽东同朱德一道颁布了中国人民解放军总部的布告，宣布“约法八章”，其中的第七条是：有准备有步骤地废除农村的封建土地所有制。

对南方新解放地区的土地改革，毛泽东采取了非常慎重的方针。8 月 10 日，毛泽东为中央起草复华中局并告各中央局、各分局、各野战军的电报，同意河南省委提出的以“中间不动两头平”的政策，作为解决河南土地问题的基点，对中农土地完全不动。电报还向各地提出：除河南等若干地方外，最广大的新区，今年及明年的全年都不是实行分配土地的时期，而是准备分配土地的时期。另外，毛泽东还指示，在南方及其他新区实行改革土地制度时，必须在某些政策上（例如不要使地富扫地出门等）及工作方法上（例如要开区乡农民代表会议等）改正过去在北方土改中做得不好的地方。绝不许再有过去那样无政府无纪律的状况出现。

在访苏前夕，毛泽东主持中央政治局会议研究的两个重要议题之一，就是南方土改。他说，江南土改时，要慎重对待富农问题，要把对地主和对富农分为两个阶段进行。

在访苏期间，毛泽东又就土改中的富农问题同苏联领导人斯大林交换了意见。斯大林认为，在打倒地主阶级时，应当中立富农，并使生产不受影响。这与毛泽东的想法不谋而合。

访苏回来后，毛泽东一面充分听取党内各方面的意见，一面广泛征求各阶层代表人物的意见，领导制定出了《中华人民共和国土地改革法》，其中规定：“保护富农所有自耕和雇人耕种的土地及其他财产，不得侵犯。”

1950年6月30日，毛泽东发布命令，公布了《土改法》。广大农村轰轰烈烈地开展了土地改革运动。

当一些民主人士对土改抱有疑虑时，毛泽东号召让民主党派和民主人士到各地去实地调查，了解实情。毛泽东幽默地说：状元三年一考，土改千载难逢。所以，我们应该欢迎民主人士到农民中去看看他们的欢喜和愁苦。毛泽东自豪地说：土改一项，从尧舜禹汤文武周公孔子直到孙中山都没彻底地做过，中国共产党人做了，这是天大的好事，不怕人看。对于那些工商业家、宗教家、校长、教员、开明绅士和爱国分子，我们都应该采取积极的态度团结和教育他们，决不能置之不理。

由于实行了保护富农的政策，又让有疑问的人到农村实地了解情况，所以，尽管土改在农村是一场翻天覆地的社会变革，却逐步地稳健地顺利地在全国开展起来。到1953年春，全国除若干少数民族聚居的地区外，都彻底废除了封建土地所有制，3亿多无地少地的农民，无偿得到了7亿亩土地和大量生产资料。中国人民终于实现了“耕者有其田”的伟大理想。这是毛泽东一生和以他为代表的中国共产党所建立的伟大历史功绩之一。

四、进京"赶考"

1949 年 3 月 23 日，河北省阜平县西柏坡村比平时格外热闹。几十辆小汽车和大卡车停在村里，有人还不断地往车上装东西。这天是个什么日子，这些汽车又是干什么的呢?

原来，这些汽车是在等候毛泽东等中共中央领导人的。今天，他们要离开西柏坡，前去他们计划中的新中国首都——北平。

快到启程的时间了，周恩来关切地问毛泽东："主席，有没有休息好呀？"只睡了几个小时的毛泽东兴致很高，风趣地对周恩来说："今天是进京的日子，不睡觉也高兴啊。进京'赶考'去。"

周恩来会意地应答："我们应当都能考及格，不要退回来。"

毛泽东语气坚定地说："退回来就失败了，我们决不当李自成。我们一定要考个好成绩。"

1 以李自成为戒

毛泽东把此行比作进京"赶考"，是相当具有深意的。

对此时的中国共产党人来说，打下江山已经毫无疑问，这场考试可以说已经即将胜利；但能不能坐稳江山还不能肯定，还是一场更大的考试。因为历史上有过这样的先例，那就是明末李自成领导的农民起义军，攻克明王朝首都北京后，骄傲自大，不思进取，贪图安逸和享受，没有妥善处理好各方面关系，结果不但进城43天就被迫退出了北京，而且还遭到了彻底的失败。

熟悉历史、深谋远虑的毛泽东，早就告诫全党要重视李自成的教训。还在1944年4月，毛泽东在读到郭沫若写的有关李自成由胜利走向失败过程的长篇文章《甲申三百年祭》后，立即指示把它印成单行本，列为党内高级干部的学习材料，并在延安高级干部会议上，叫“同志们引为鉴戒，不要重犯胜利时骄傲的错误”。同年11月毛泽东在写给郭沫若的信中又说：“你的《甲申三百年祭》，我们把它当作整风文件看待。小胜即骄傲，大胜更骄傲，一次又一次吃亏，如何避免此种毛病，实在值得注意。”①

今天，毛泽东说的“赶考”问题，是近一段时间一直在他头脑里盘旋的问题。

1949年2月，党中央决定把领导机构迁往北平，有关同志开始积极为进城做准备。毛泽东对身边工作人员说：“我们进北平，可不是李自成进北京，他们进了北京就变了，我们共产党人进北平，是要建设革命的社会主义，直到实现共产主义。要教育战士，不要中了资产阶级的糖衣炮弹。当官了，就不求上进了，不愿再过艰苦的生活了，这样，就和李自成差不多了。”

2 警惕“糖衣炮弹”

3月5日，毛泽东在西柏坡主持召开了中国共产党七届二中全会。这是中国共产党在建立全国政权之前，也就是在胜利前夕召开的最后一次中央全会，是一次宣示胜利并提出胜利后方针的重要会议。

毛泽东在会上发布了一个大预言，他说：我们很快就要在全国

①《毛泽东书信选集》第241页，人民出版社1983年出版。

胜利了。这个胜利，已经是不要很久的时间和不要花费很大的气力了；巩固这个胜利，则是需要很久的时间和要花费很大的气力的事情。敌人的武力是不能征服我们的，资产阶级的捧场则可能征服我们队伍中的意志薄弱者。可能有这样一些共产党人，他们是不曾被拿枪的敌人征服过的，他们在这些敌人面前不愧英雄的称号；但是经不起敌人用糖衣裹着的炮弹的攻击，他们在糖弹面前要打败仗。

后来发生的许多事，证实了毛泽东这个大预言的正确性，也证明了毛泽东这个大预言的必要性。

在七届二中全会上，有着深远历史眼光的毛泽东，还向全党发出了一个大告诫，他说：夺取全国胜利，这只是万里长征走完了第一步。以后的路程更长，工作更伟大，更艰苦。这一点现在就必须向党内讲明白，务必使同志们继续地保持谦虚、谨慎、不骄、不躁的作风，务必使同志们继续地保持艰苦奋斗的作风。

毛泽东提出的“两个务必”的大告诫，成为中国共产党人迎接夺取全国胜利后怎么办这场大考验的伟大指针。这个大告诫，对中国共产党人起到了长期的警示作用、提醒作用和指导作用，一代又一代的共产党人依靠这个伟大指针，运用这个伟大指针，战胜了一批又一批征服者，取得了一个又一个新胜利，避免了李自成悲剧在中国共产党身上的重演。

3 “赶考”的队伍

这一天，跟着毛泽东“赶考”的队伍浩浩荡荡，光车辆就有21 辆；跟着毛泽东赶考的人物也有很多是当世杰才。

毛泽东乘坐的是车队的第二辆车，一辆中吉普，在他前面的则是带路的小吉普车，后面一辆车上坐的是他的家人。再往后，第四辆车坐的是刘少奇，第五辆车坐的是刘少奇家人，第六辆车坐的是周恩来，第七辆车坐的是朱德一家，第八辆车坐的是任弼时一家；还有三辆小车分别坐着毛泽东身边的工作人员及家属，他们是陆定一、胡乔木、叶子龙3家。11辆小车后，有10辆卡车分别坐着中央机关工作人员和警卫战士。

4 西柏坡

离开西柏坡，毛泽东依依不舍。因为他在这里住了300多天了，并在这里指挥中国革命取得了空前的大胜利。

毛泽东是1948年5月27日到达西柏坡的。

西柏坡是滹沱河畔的一个小山村，距石家庄不到100千米。沿河西上，是巍巍太行山，顺河东下，是华北大平原，具有进退两宜的优点。

1947年3月，由于国民党军队进攻延安，中共中央决定刘少奇、朱德率领中央工作委员会离开陕北，到晋西北或其他适当地点，进行中央委托的工作，而毛泽东、周恩来、任弼时则仍留在陕北，主持中央工作。当年6月，刘少奇、朱德等人到了西柏坡，把中央工委安在了这里，对外称作工校。1948年4月，周恩来、任弼时也到了西柏坡。这样，当毛泽东到达西柏坡时，中国共产党中央委员会的五大书记，也可以说是“五大巨头”，就在西柏坡会合聚齐了，这里就成了名副其实的中共中央所在地。离开这里后，中共中央一直长驻在北平。因此，西柏坡是中共中央最后一个临时所在地，也是最后一个中国革命的农村指挥所。

西柏坡的中共中央大院，由若干个普通的北方农家小院组成，周恩来住的是最东边的一个小院，毛泽东的院子紧挨着周恩来，再往西的两个院子则是刘少奇、任弼时住的。朱德的院子在后院，是三间窑洞式建筑。那本来是为毛泽东准备的，因为窑洞冬暖夏凉，比普通房子住着舒服些，但毛泽东把它让给了比自己年长的朱德。毛泽东的院外有一个碾盘，当他有时起草文件太累需要换脑筋时，则出来推碾子作为休息。到西柏坡后的第二天，毛泽东散步登上柏坡岭时，向下一看，用木棍指着山下，对警卫人员说：“西柏坡果然是一个好地方，这个总指挥部选得好！”

在西柏坡，毛泽东指挥过开封战役、睢杞战役、兖州战役、济南战役、辽沈战役、淮海战役、平津战役等著名战役；主持召开过中共中央政治局 1948 年九月会议、1949 年一月会议和著名的中共七届二中全会，起草过《将革命进行到底》等著名文稿。

5 “赶考”途中

尽管依依不舍，但“赶考”的车队还是出发了。

车队走在坎坷不平的土路上，颠颠簸簸，尘土飞扬。

看着身后的西柏坡，看着前面漫长的路，毛泽东对随行的警卫人员说：“今天又是 3 月份！为什么我们老在 3 月份有行动呢？你们还记得这几次行动的时间吗？”

一名警卫说：“1947 年 3 月 18 号，我们撤离延安。”

另一名警卫说：“去年 3 月 21 号，我们离开陕北米脂县的杨家沟，前去晋绥解放区。”

毛泽东接着说：“是啊，今年 3 月，我们又出发去北平了，三年三次大行动都在 3 月。到明年 3 月，我们应该解放全中国了，那样我们就再也不搬家了。”车里的人都笑出声来。

在车上，毛泽东问随行人员：“我们这么快进北平，你们想到了吗？”

卫士长回答说：“过去主席讲，三到五年打败蒋介石。但没想到，撤离延安后两年就进北平了。”

毛泽东接着说："我们胜利这么快，不但我们没想到，蒋介石也没想到。他们人多武器好，又有美国支持；我们人少武器差，反而打败了他们。这是什么原因呢？道理很简单，因为蒋介石发动的战争是反人民的，非正义的，得不到人民的支持，人心不向着他们。人心向背，决定了我们必定胜利，蒋介石必定失败。"

一路上，毛泽东看到，在春风浩荡的田野上，田间劳作的多是老人、妇女和儿童，很少有青壮年男子。他感叹地对身边人员说："为了战争的胜利，农民们付出了多大的代价呀。整个解放战争，要是没有广大农民的积极支援，那是不可能取得胜利的。"

傍晚的时候，车队没能按照计划赶到保定。由于路不好走，毛泽东一行就在河北唐县附近的东淑闾村住下了。毛泽东住在村民李大明的家里。

这一夜，毛泽东没有休息，上半夜同村干部座谈，下半夜坐着小板凳，趴在用门板支的床上写材料。一盏小油灯一直陪他到天亮。

3月24日上午，"赶考"的车队继续前行。到离保定城不远的地方时，在周恩来的提议下，毛泽东和大家走下车，掸了掸身上的尘土，洗了一把脸，休息了十几分钟，又上车前进。

保定是河北的大城市。当车队开到保定城西门外广场时，不少群众围过来观看。为了安全，警卫让司机快点开，毛泽东却阻止说："不要开快了，这里人很多，开快了，万一伤着老百姓，那就不好了。他们想看就让他们看嘛。因为他们知道这是自己人坐的汽车嘛。要是日本人坐的车或国民党坐的车，他们早躲开了。"

车队开进冀中区党委驻地后，区党委领导热烈欢迎中央"五大巨头"的一齐"驾到"。

中午吃饭时，毛泽东指着一盘清蒸鱼问区委书记林铁："这鲤鱼是从哪里来的呀？"

林铁说是白洋淀的鱼。并说现在市场上能买到鱼、买到菜，饭馆也多了起来。保定尽管刚解放，但变化还是不小的。

毛泽东听了很高兴，说：“解放才几个月，看来已经有了很大变化。今后还要抓紧工作。人民群众的心情安定了，工作就好做了。”

下午，在听了区党委的工作汇报后，毛泽东指示说：工作千头万绪，要抓党的领导，抓党对城市各项政策的宣传和实行，要使各界人士都能认清形势，以国家和民族的利益为重，同我们合作，恢复和发展生产，繁荣市场，解决多年来战争带来的创伤，为将来工农的恢复和发展打好基础。在城市里，不能把在农村中斗争地主和对待富农的办法拿来对待资本家，要按中央的政策办事。当前，恢复交通是件大事，准备发动京汉全线解放了的城乡地区全面动工，要在很短的时间内，把京汉铁路恢复使用，这不仅是战争的需要，而且也是和平建设的需要。

汇报结束后，有人报告说，现在满街都是围观的群众，他们都渴望见到毛主席和中央首长。区党委和保卫部门建议采取“净街”的办法来保证首长安全。毛泽东不赞成，说：“净街干什么，看一看死不了人嘛。”于是，毛泽东一行在万人攒动中离开了保定，沿徐水、定兴、涿县一线，继续进京的路程。

车到河北涿州时，天色已晚。他们决定住在涿州。看到街上冷冷清清的样子，毛泽东心里很纳闷。他走进一家杂货店，一边买烟一边问店主：“近来买卖兴隆吗？”店主说：“比打仗时好多了。但是，市场没回城，买卖难兴隆啊。”

晚上，当见到涿县县委书记王成俊时，毛泽东问市场没回城是怎么回事。王成俊解释说：“国民党九十四军在这里驻防时，为了‘防共’，把所有小商小贩都赶到东关去了，不让人们进城。解放后，我们还没顾上这个市场问题。”

毛泽东语重心长地说：“老百姓关心的，正是我们要办的。解放了，恢复生产、繁荣经济，没有市场不行，要尽快把市场迁回来。

王成俊答应一定尽快办。”

晚上，从北平赶来的北平市长叶剑英等人，向毛泽东等人汇报了进北平城的具体安排。当汇报到欢迎仪式时，叶剑英说：毛主席和党中央进北平是胜利后进城，有人主张声势要大一些，仪式要隆重一些，让北平人民夹道欢迎，造成轰轰烈烈、声势浩大的气氛，以便向国内外宣传，扩大中国革命的影响。

毛泽东和其他几位中央领导一致认为，这个时候进城场面不要过大，不要动员那么多群众。等到全国革命取得最后胜利的时候，再组织群众好好地庆祝庆祝。

6 毛泽东早年的两次“北平行”

3 月 25 日清晨，毛泽东等中央领导人从涿县跨上了去北平的专列。

这时的毛泽东心潮激荡。因为他要去的这个地方，北平，是他青年时代曾经两次到过的地方，特别是在这里，他认识了中国共产党的创始人之一李大钊并且接触到了马克思主义，从而奠定了他一生的信仰。

毛泽东第一次到北平，是在 1918 年 8 月 19 日，他同新民学会的萧子升、罗学瓒等人送同学去法国勤工俭学。那次，他是向朋友借钱去的北平。到北平后，他很快就找到在北大做教授的自己从前的老师杨昌济，求他帮自己找点事做。杨昌济把毛泽东推荐给北大图书馆的馆长李大钊。李大钊让毛泽东当了图书馆佐理员。这样，毛泽东在当时新文化运动的中心，接受了新文化运动的熏陶和浸染，接触了刚传入中国不久的马克思主义。

1919 年 3 月，因母亲病重，毛泽东离开了北平回家乡湖南。

回到湖南不久，五四运动爆发了，毛泽东领导了湖南声援北平的一系列爱国活动，但却遭到湖南督军张敬尧的打压。于是，毛泽东又发起了“驱张运动”，并组织了驱张请愿团，于1919年12月18日第二次到北平，直到第二年4月11日离开北平。

尽管这两次在北平只住了不到一年的时间，但北平还是留给毛泽东很深的印象。

1936年10月，毛泽东在保安同美国记者斯诺谈自己个人历史时，曾经谈到了北平。他说：“在这里我也遇到了杨开慧，而且发生恋爱，后来结了婚。她是我的好友杨教授的女儿。我自己在北平的生活是十分困苦的。我住在一个叫三眼井的地方，和另外七个人合住一个小房间，我们全体挤在炕上，连呼吸的地方都没有。每逢我翻身都得预先警告身旁的人。不过在公园和故宫的宫址我看到了北国的早春，在坚冰还盖着北海的时候，我看到了怒放的梅花。北京的树木引起了我无穷的欣赏。”毛泽东还清楚地回忆说：“我第二次到北平期间，读了许多关于俄国情况的书，我热心地搜寻那时候能找到的为数不多的用中文写的共产主义书籍。有三本书特别深地铭刻在我的心中，建立起我对马克思主义的信仰。这三本书是：马克思、恩格斯的《共产党宣言》、考茨基的《阶级斗争》、柯卡普的《社会主义史》。”

30年前来北平，和这次来北平，大不相同。那时，北平和全国在军阀的统治下，他是一位不被人放在眼里的青年学子；今天，北平已经回到人民的手里，全国也即将由人民当家做主，他已成为一位即将在全国执政的政党的领袖。

7 定都北平

毛泽东心潮激动，还因为这时我们党已决定把北平作为新中国的首都。到不久的京城去坐江山，世界上难道还有比这更激动人心的事吗？

把北平定为新中国首都，毛泽东酝酿已久。

1948年9月会议期间，毛泽东曾经问当时负责山西作战的徐向前能不能争取到阎锡山同意和平解放太原。徐向前明确表示：阎锡山顽固得很，不会同意。毛泽东若有所思地说，看来太原是不打不行了。最好北平不要打。

毛泽东希望北平不要打，目的是完整保存北平，以作为未来人民共和国的首都。

为了实现北平和平解放，毛泽东动员了一切力量，积极做好国民党北平守军长官傅作义及其部下的统战工作，终于争取傅作义接受和平改编。1949年1月31日，人民解放军开进北平，古老的都城和平地、完整地回到人民手中。

1949年1月，时任东北局城市工作部部长的王稼祥在看望毛泽东时，毛泽东问："我想听听你的意见，我们的政府定都何处？历朝皇帝把京城不是定在西安就是洛阳、开封，还有南京或北平。我们的首都定在哪里最为合适呢？"

王稼祥沉思片刻后回答说："能否定在北平？"毛泽东要他说说理由。王稼祥分析说："北平离社会主义苏联和蒙古人民共和国近些，国境长但没有战争之忧。"这位在遵义会议上大力支持毛泽东的战友，在建都问题上，也同毛泽东不谋而合。

1949年3月5日，在中国共产党七届二中全会上，毛泽东正式在党内提出："我们希望4月或5月占领南京，然后在北平召集政治协商会议，成立联合政府，并定都北平。"

中国共产党定都北平的设想，正好同许多党外民主人士的设想不谋而合。就在七届二中全会期间，叶剑英向毛泽东汇报北平和平解放情形时说："北平和平解放后，很多民主人士来信来电给我们，表示他们坚决拥护共产党，并希望共产党在北平成立全国性政府。"

毛泽东笑着说：“看来这些民主人士还不知道我们已经有了这个想法，慢慢他们就会知道的。不过最后决定还得开政协会议。”

正因为中央已决定把北平定为新中国首都，所以，毛泽东才把离开西柏坡进北平比作是进京“赶考”。

8 西苑阅兵

在汽笛的长鸣中，火车在北平清华园站停了下来。聂荣臻、彭真、李克农等人，早已在这里迎候。毛泽东第一个走下专列，同他们热烈握手问候。

接着，他们没有休息，随即又乘汽车前往颐和园。

当汽车行驶到颐和园后，毛泽东和他的战友们一同下了车，走进了益寿堂休息。

在益寿堂，毛泽东用上了这次进北平后的第一餐饭。叶剑英向毛泽东提议说：“请主席喝杯酒吧。今天是很值得纪念的日子。”

毛泽东高兴地笑着说：“好，咱们都干了这一杯。”他和席上的人，都相互用碰杯来庆祝这次进京，并预祝这次“赶考”胜利。

下午，毛泽东等中共中央领导人，乘坐汽车从颐和园出发。下午5时，在雄壮的军乐声中和人群的欢呼声中，他们到达西苑机场，参加在这里举行的入城检阅仪式。

已经到达北平准备参加政协筹备会的各民主党派领导人和无党派民主人士，北平市各界群众代表，受阅部队官兵，共1万多人，早已等候在这里。当毛泽东等人到来时，千百张笑脸都在欢呼，千百双眼睛都在张望，“毛主席来了”，“毛主席来了”，欢呼声盖过了军乐声，响彻了西苑机场。

先已到达的北平市市长叶剑英、华北军区司令员兼平津卫戍司令聂荣臻、北平市委第一书记彭真等趋前迎接问候。

工人、农民、青年、妇女各界代表，满腔热情、满怀激动地迎接自己的领袖。华北农村妇女代表李秀珍握着毛泽东的手说："主席，你可好，你真是我们的大救星。"

160 多位民主党派和无党派人士代表，也高兴地和毛泽东等中共领导人一一握手，互致问候。

对和平解放北平做出贡献的傅作义也来欢迎，毛泽东同他合影留念。

接着，举行阅兵式。受阅部队由第四野战军的三个步兵团、一个摩托化团、两个炮兵团、一个坦克营以及英雄模范功臣代表连以上干部组成，刘亚楼任阅兵总指挥。

在雄壮的《解放军进行曲》乐声中，毛泽东登上第一辆检阅车。刘亚楼响亮地向毛泽东报告："受检阅的部队全部到齐。"

▲ 1949 年 3 月 25 日，毛泽东在西苑机场检阅中国人民解放军坦克部队

▲毛泽东、朱德、董必武、林伯渠同马叙伦、黄炎培、郭沫若等在西苑机场合影

毛泽东的检阅车缓缓前行。

50门六〇炮陆续打出500发照明弹，把傍晚的天空照得雪亮。

受阅部队精神百倍地向自己的领袖敬礼，毛泽东也庄重地举手还礼。

毛泽东的车走到哪里，受阅官兵的目光就注视到哪里。毛泽东的风采在受阅官兵们心中一直留下，永远留下。

每一个受阅部队，都有一部自己的征战史、光荣史，正是有了千千万万个同他们一样的部队的光荣征战，中国革命才取得今天这样的胜利。毛泽东为他们的出色表现而感到无比骄傲。

9 进驻北平

阅兵式结束后，毛泽东驱车前往已经准备好的中共中央驻地——香山，住进了双清别墅。

在去香山的路上，毛泽东高兴地对警卫人员说：“从现在起，就可以向全中国、全世界宣布，中国共产党中央委员会和中国人民解放军总部，已经进驻北平。这是一个伟大的事件，标志着中国革命已经取得伟大胜利，但还不是完全胜利，今天还不能开大的庆祝会。等全国都解放了，再开大的庆祝会，意义就更大了。”

当天晚上，新华社向全国播发了毛泽东和党中央胜利到达北平的消息。

1949年的3月，对毛泽东来说是不同寻常的，因为他带领中共中央实现了“进京”这样一个不同寻常的壮举。美国《时代》周刊的1949年3月号，意味深长地把毛泽东作为封面人物，在毛泽东肖像的背景上，印有“民主统一”的字样。建立民主的、统一的人民新国家，正是毛泽东已经奋斗多年而如今很快就要实现的伟大理想。

在香山，毛泽东领导进行了国共和谈和筹建新中国，指挥了伟大的渡江战役。到6月份，为了开好新政协筹备会，毛泽东才搬进中南海办公。从那以后，直到今天，中南海一直成为中共中央的办公地。

历史已经证明，以毛泽东为代表的中国共产党人的这次“进京赶考”，考出了一个非常出色的成绩。他们不仅没有像李自成那样昙花一现，功败垂成，而且把中国的历史、中国人民的历史写得比从前任何一代都更加辉煌。

五、指挥大进军

1949 年 4 月 21 日，在南京政府断然拒绝《国内和平协定》最后修正案的第二天，中国人民革命军事委员会主席毛泽东亲自起草并同中国人民解放军总司令朱德一起发布了《向全国进军的命令》，

▲ 1949 年 4 月，毛泽东看有关南京解放的报纸

要求人民解放军各野战军和南方各游击区全体同志，奋勇前进，坚决、彻底、干净、全部地歼灭中国境内一切敢于抵抗的国民党反动派，解放全国人民，保卫中国领土主权的独立和完整。自此，毛泽东指挥着人民解放军，以风卷残云之势，向全国没有解放的广大地区，开展了一场声势浩大的大进军。

1 挥师渡江

这时，国民党的总兵力还有不到200万人，控制着全国将近3/4的土地。特别是他们还控制着中国巨大的天然壕堑——长江，他们认为长江防线固若金汤，人民解放军不可逾越。

大进军的首要战役是渡江作战。

还在1948年12月12日，淮海战役尚未结束，毛泽东就致电淮海战役总前委，要他们在歼灭黄维集团后，开一次总前委会，商量下一步作战计划及将来渡江作战计划。并要他们在淮海战役结束后，部队休整两个月，大致准备好渡江作战所需的雨衣、货币、炮弹、药品、汽船等，并初步完成政治动员。

1949年3月中旬，在七届二中全会期间，毛泽东和邓小平、陈毅等人一起研究了渡江作战问题，定于4月10日为发起时间。

4月1日，总前委向中央军委报送了《京沪杭战役实施纲要》，计划于4月15日18时，以全线渡江作战开始本战役。毛泽东仔细研究后，复电同意。这样，渡江战役便进入了倒计时阶段。

但这时，南京派来的谈判代表已到达北平同我进行和平谈判。这时的毛泽东，既要指挥打议和的文仗，又要指挥打强渡的武仗。4月10日，毛泽东电告总前委：谈判已有进展，可能签订一个全面和平协定。签字时间大约在15日。如签字成功，则原先准备的战斗渡江即改变为和平渡江。因此渡江时间势必推迟半个月或一个月。他

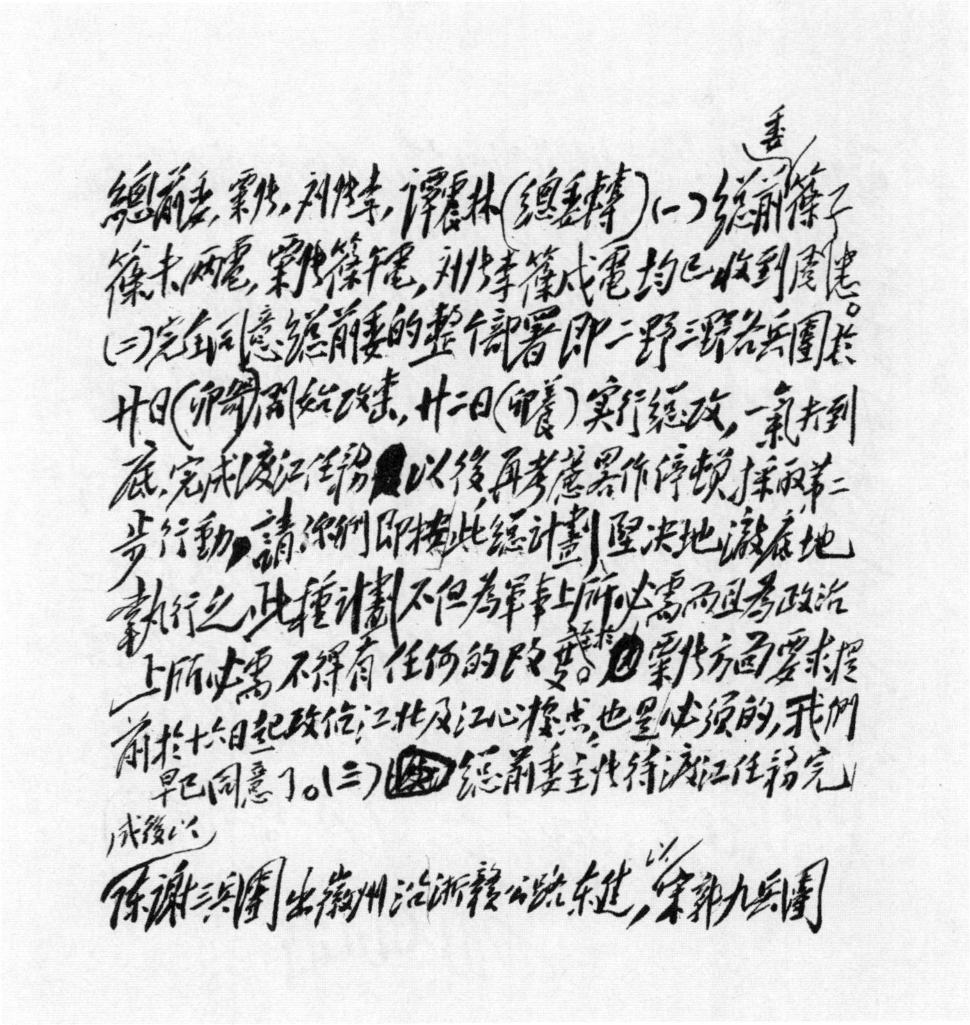
總前委，粟張，劉張李，譚震林（總委轉）（一）總前筱子筱未兩電，粟張筱午電，劉張李筱戌電均已收到，甚慰。（二）完全同意總前委的整個部署，即二野三野各兵團於廿日（卯號）開始攻擊，廿二日（卯養）實行總攻，一氣打到底，完成渡江任務，以後再考慮略作停頓，採取第二步行動。請你們即按此總計劃堅決地澈底地執行之。此種計劃不但為軍事上所必需，而且為政治上所必需，不得有任何的改變。粟張方面要求提前於十六日起攻信江北及江心據點，也是必須的，我們早已同意了。（三）總前委主張待渡江任務完成後以陳謝三兵團出徽州沿浙贛路東進，以粟郭九兵團

▲ 1949年4月18日，毛泽东起草的中央军委关于同意总前委渡江作战部署的电报（第一页）

让总前委速告江水情况对推迟渡江有何不利，以便决策。总前委当即电告：长江水势 4 月末 5 月初加速上涨，目前粮食已成困难。

第二天，毛泽东毅然下令：“依谈判情况，我军须决定推迟一星期渡江，即由 15 日渡江推迟至 22 日渡江。此点请即下达命令。”[①]

① 《毛泽东年谱》（1893—1949）修订本下卷第 480 页。

监视芜湖南京主力位于南京以南，以陈赓四兵团接替九兵团在芜湖的任务并準備加入攻南京，王谭七兵团杨苏五兵团的任务照原规定不变等项，我们认为可以照此施行。渡江后所遇敌情变化，如须有所变更，再按情况临时改变。（三）我百万大军渡江南进，关系全局胜利极大，希望我二野三野全军将士同心同德在总前委（及二野三野两前委）领导下完成伟大任务。中央军委
卯十八日九时

▲ 1949年4月18日，毛泽东起草的中央军委关于同意总前委渡江作战部署的电报（第二页）

4月14日，毛泽东又令总前委："为着准备渡江的直接行动，为着给南京一个打击，促使他们接受我们的条件起见，请你们准备于卯哿（4月20日）攻击从安庆至南通一线除安庆及两浦（浦口、浦镇）两点以外的一切你们所需要攻占的北岸（不是南岸）敌人据点，

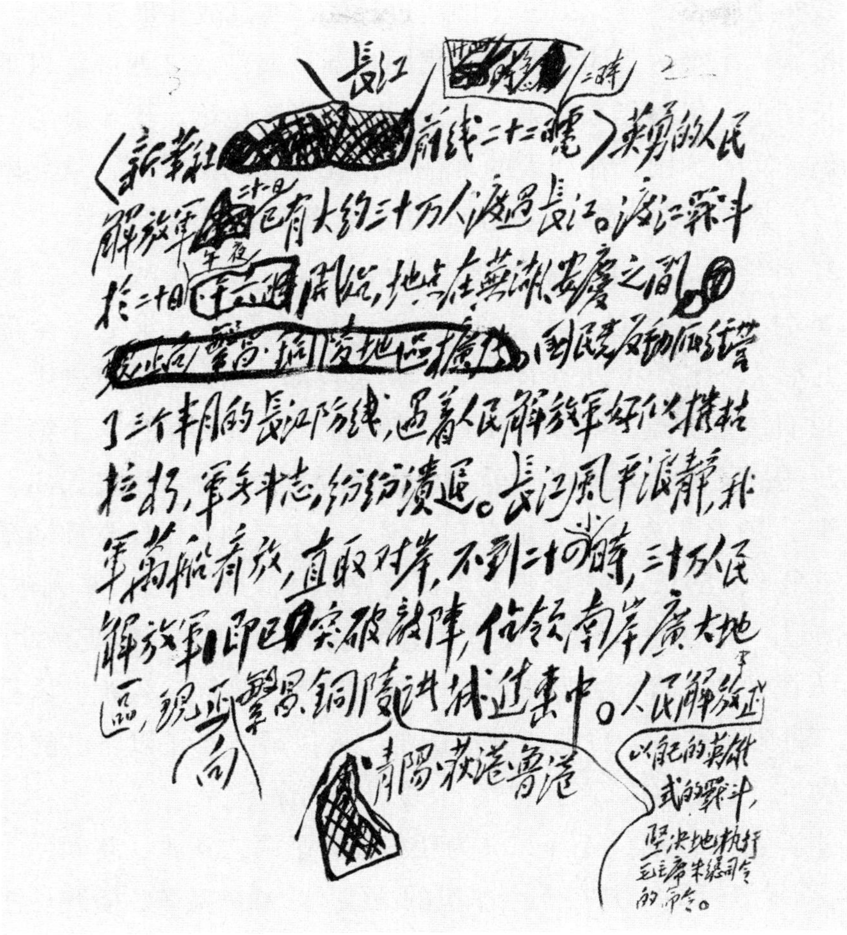
〈新華社長江前线二十二日二時電〉英勇的人民解放軍二十一日已有大约三十万人渡過長江。渡江戰斗於二十日午夜開始，地点在蕪湖安慶之間。國民党反动派經營了三个半月的長江防线，遇着人民解放軍好似摧枯拉朽，軍無斗志，纷纷潰退。長江風平浪靜，我軍萬船齊放，直取对岸，不到二十四小時，三十万人民解放軍即已突破敌陣，佔領南岸廣大地區，現正向繁昌銅陵青陽荻港魯港諸城进击中。人民解放軍以自己的英雄式的戰斗，堅决地執行了毛主席朱總司令的命令。

▲ 1949 年 4 月 22 日，毛泽东为新华社起草的庆祝人民解放军胜利渡江的电讯

及江心洲（包括扬中县）。”20 日以前则“保持平静，一声不响”①。

1949 年 4 月 18 日，毛泽东对渡江作战作出最后指示：完全同意总前委的整个部署，即二野、三野各兵团于 20 日开始攻击，22 日实行总攻，一气打到底，完成渡江任务后，再考虑略作停顿，采取第二步行动。

4 月 20 日晚 7 点 30 分，渡江部队的中突击集团首先在安徽无

①《毛泽东年谱》（1893—1949）修订本下卷第 482 页。

为沿线实施中心突破，20多个团渡过长江，渡江战斗最先打响。

接着，东突击集团和西突击集团也陆续渡江。江西九江以下的千里长江上，亿万年来，第一次全线响起隆隆枪炮，上千艘船只迎着枪炮，冒着弹雨，在冲天的水柱中，在弹光的照耀下，从北岸冲向南岸。其规模和声势，远远超过历史上著名的赤壁大战。

21日早晨，毛泽东收到渡江前线部队的第一份战报："截至21日6时止，我已过江者，计有二十四军全部、二十七军全部，二十五军7个团，共28个团。""其余各部，均向纵深挺进中。"

22日凌晨2点，毛泽东在香山双清别墅，为新华社写下第一条渡江新闻：英勇的人民解放军21日已有大约30万人渡过长江。渡江战斗于20日午夜开始，地点在芜湖、安庆之间。国民党反动派经营了三个半月的长江防线，遇着人民解放军好似摧枯拉朽，军无斗志，纷纷溃退。长江风平浪静，我军万船齐放，直取对岸，不到24小时，30万人民解放军即已突破敌阵，占领南岸广大地区，现正向繁昌、铜陵、青阳、荻港、鲁港诸城进击中。人民解放军正以自己的英雄式的战斗，坚决地执行毛主席、朱总司令的命令。

过了20个小时，毛泽东又为新华社写了第二条渡江新闻："人民解放军百万大军，从一千余华里的战线上，冲破敌阵，横渡长江。西起九江（不含），东至江阴，均是人民解放军的渡江区域。……至发电时止，我东路各军已大部渡过南岸。"①

23日下午，毛泽东起床后，看到了《人民日报》的号外，刊登了人民解放军占领南京的消息，便拿着号外，走出屋子，到院子的凉亭里坐下看起来。这时，他的心情是无比豪迈的，但也依然是十分冷静的。他的那首著名的诗，就代表了此时的心情和气概："钟山风雨起苍黄，百万雄师过大江。虎踞龙盘今胜昔，天翻地覆慨而

---

①《毛泽东文集》第五卷第283—284页，人民出版社1996年出版。

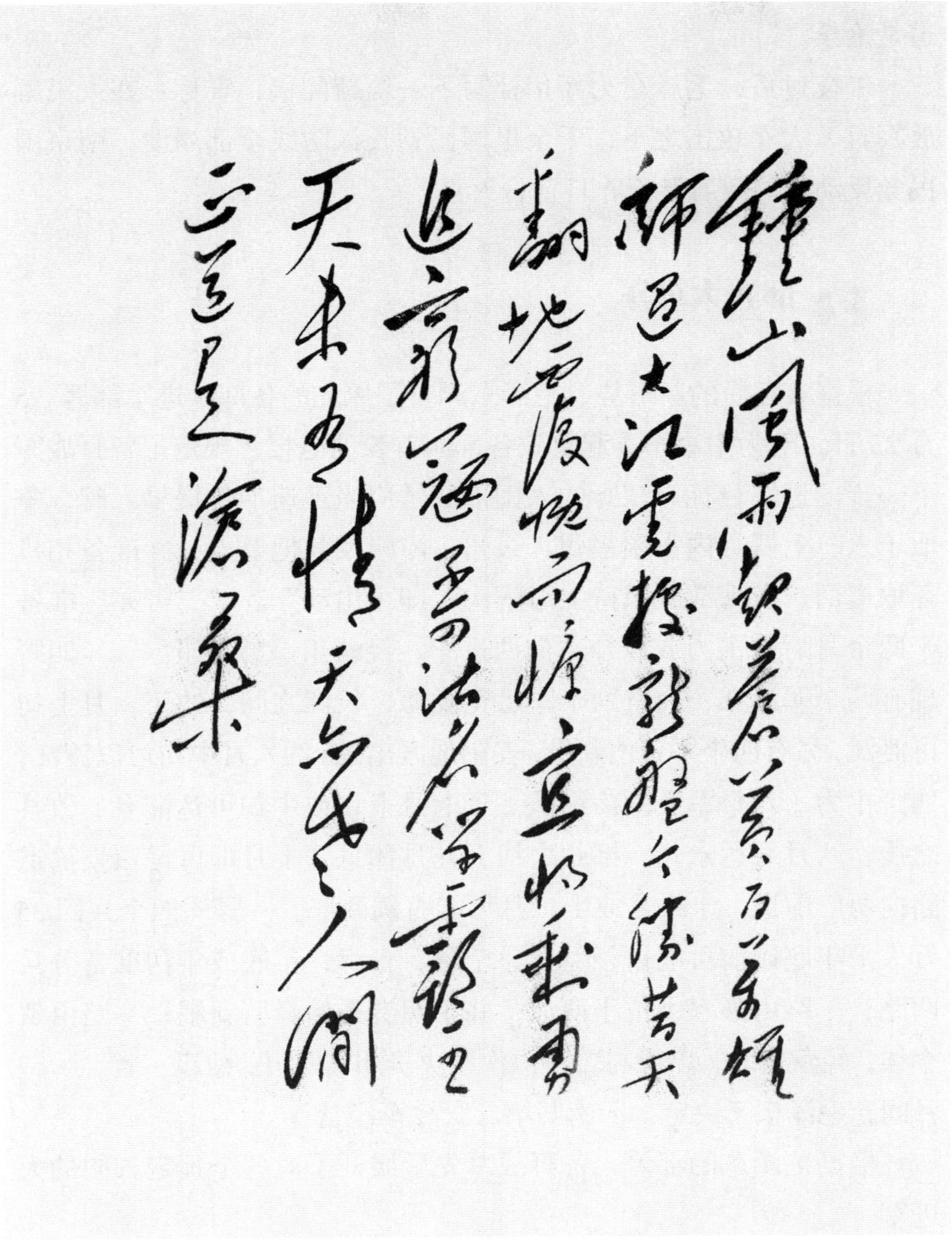
钟山风雨起苍黄，百万雄师过大江。虎踞龙盘今胜昔，天翻地覆慨而慷。宜将剩勇追穷寇，不可沽名学霸王。天若有情天亦老，人间正道是沧桑。

▲毛泽东手书诗　七律·人民解放军占领南京

慷。宜将剩勇追穷寇，不可沽名学霸王。天若有情天亦老，人间正道是沧桑。”

午夜过后，毛泽东为新华社写下一篇新闻稿，宣称：在人民解放军百万大军攻击之下，千余里国民党长江防线全部崩溃，南京国民党反动卖国政府已于昨日宣告灭亡。

2 部署大进军

根据渡江后的新形势，毛泽东调整了原先的各部队进军部署。5月23日，他为中央军委起草致各部队首长的电报，规定了各野战军下一步的进军目标。三野的入闽部队“应当迅速准备提早入闽，争取于六、七两月内占领福州、泉州、漳州及其他要点，并准备相机夺取厦门。入闽部队只待上海解决，即可出动”。“二野亦应准备于两个月后以主力或以全军向西进军，经营川、黔、康。”“四野现有两个军渡江，尚有六个军已至陇海、长江之间，约于六月上旬可渡江，另有四个军正由新乡、安阳地区出发，约六月中旬可以渡江，四野主力（六个军及两广纵队）于七月上旬或中旬可达湘乡、攸县之线，八月可达永州、郴州之线，九月休息，十月即可尾白崇禧退路向两广前进，十一月或十二月可能占领两广。一野（四个兵团35万人）年底以前可能占领兰州、宁夏、青海，年底或年初准备分兵两路，一路由彭率领位于西北，并于明春开始经营新疆；一路由贺率领，经营川北，以便与二野协作解决贵州、四川、西康三省。”[①]7月间，毛泽东又决定，云南归第二野战军经营。

根据毛泽东的部署，各野战军先后展开了向各个预定方向的大进军。

①《毛泽东年谱》（1893—1949）修订本下卷第507—508页。

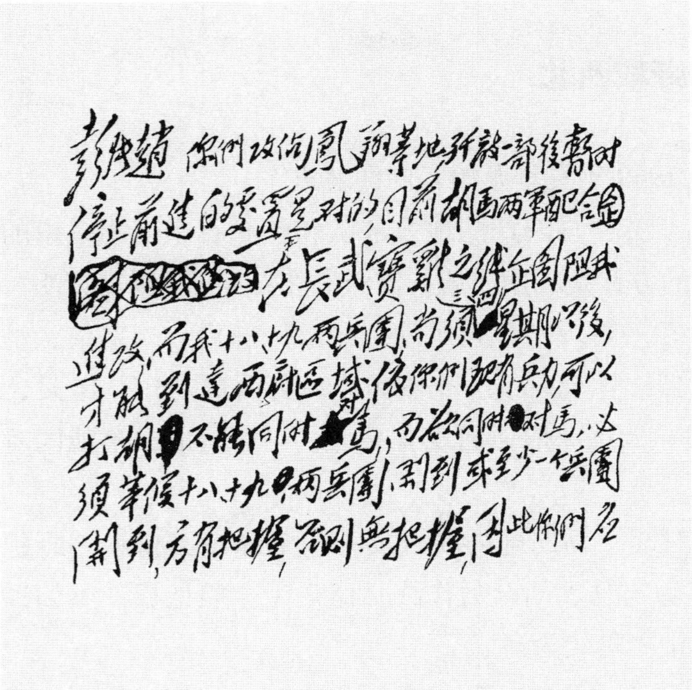

彭張趙：你們攻佔鳳翔等地殲敵一部後暫時
停止前進的處置是對的。目前胡馬兩軍配合
在長武寶雞之線企圖阻我
進攻，而我十八、十九兩兵團，尚須三四星期以後
才能到達西府區域。依你們現有兵力可以
打胡，不能同時對付馬，而欲同時對付胡馬，必
須等候十八、十九兩兵團開到或至少一個兵團
開到，方有把握，否則無把握。因此你們應

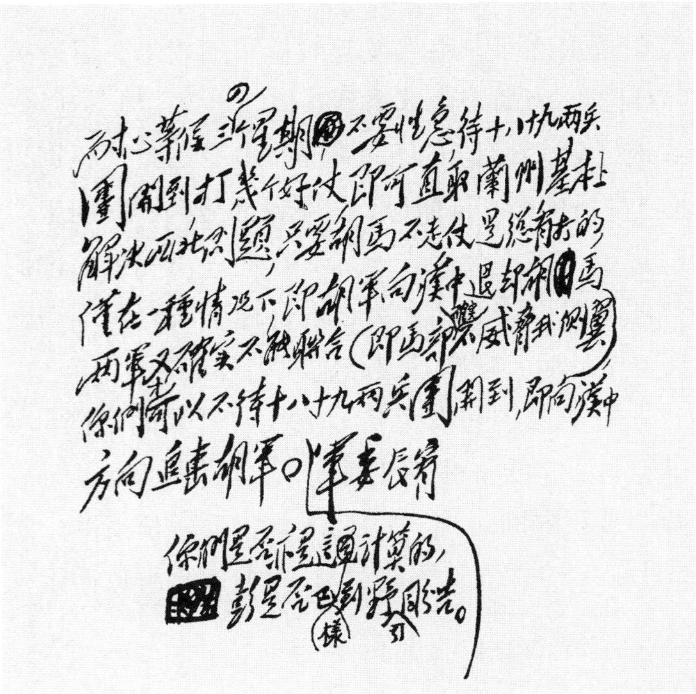

耐心等候三四星期，不要性急，待十八、十九兩兵
團開到打幾個好仗，即可直取蘭州，基本
解決西北問題。只要胡馬不走，總是好打的。
僅在一種情況下，即胡軍向漢中退却，胡馬
兩軍又確實不能聯合（即馬部不來威脅我側翼）
你們才可以不待十八、十九兩兵團開到，即向漢中
方向追擊胡軍。軍委辰有

你們是否這樣計算的，
彭是否已到，野司酌告。

◀毛泽东起草的军委同意一野暂时停止前进的复示

③ 指挥一野取西北

第一野战军从1949年夏季开始，向西北进军。

西北地区有马步芳、马鸿逵的地方部队和蒋介石亲信胡宗南的精锐部队。毛泽东的方针是利用矛盾，各个击破，实行“钳马打胡”和“钳胡打马”。在一野攻击凤翔等地、歼敌一部后，胡宗南、马步芳两军配合在长武、宝鸡一线，企图阻止一野西进。5月26日，毛泽东指示一野领导人：“依你们现有兵力，可以打胡，不能同时对马。”

6月9日，针对胡、马二部的联合反扑，毛泽东又指示一野领导人：“就现有兵力与马、胡全力作战，似觉无全胜把握，不如诱敌深入，俟兵力集中再打较为适宜。”[①]

6月20日，毛泽东又电示一野：迅速集中第一和第十八两个兵团主力，于马匪向泾阳攻击之际，突然发起对胡军的攻击，以歼灭38军、65军、90军为目标。当胡宗南部退到扶风、宝鸡、凤县地区，二马退到彬州、长武地区后，6月26日，毛泽东电令一野“根据近日情报，马匪各部业已准备向彬、长撤退，胡匪各部势必同时向宝、凤撤退，决不会再前进了，也不会保守不退。在此种情况下，你们应当集中王、周两兵团全力及许兵团主力，取迅速手段，包围胡匪四五个军，并以重兵绕至敌后，切断其退路，然后歼灭之”[②]。

根据这一方针，一野七月中旬发起扶眉战役，歼灭胡宗南部4个军4万多人，取得进军西北的关键性胜利。

之后，胡、马两部被我隔断远离。7月23日，毛泽东批准一野实施“钳胡打马”的计划。8月26日解放兰州，9月5日解放西宁，

①《毛泽东年谱》（1893—1949）修订本下卷第516页。
②《毛泽东年谱》（1893—1949）修订本下卷第524页。

9 月 23 日解放银川，二马主力全部被歼，二马集团在西北 80 多年的军阀统治被彻底摧毁。

当一野解放了西北陕、甘、宁、青四省的广大地区后，便打开了进军新疆的通道，新疆就处于重兵压境、孤悬塞外的困境中。这为和平解决新疆问题准备了条件。毛泽东不失时机，亲自部署和平解放新疆的事宜。

9 月 10 日，毛泽东电令先前派去新疆的联络员邓力群从伊犁秘密前往迪化，同国民党军政首领商谈新疆和平解放问题，接着又约见已经留在北平的原国民党首席谈判代表、西北军政长官张治中。毛泽东说："一野已经由兰州和青海向新疆进军，希望你给新疆军政当局去电，叫他们起义为好。"

第二天，张治中致电新疆警备总司令陶峙岳和新疆省主席包尔汉，希望他们为新疆和平计，归向人民阵营。

9 月 25 日、26 日，在新中国成立的前几天，陶峙岳、包尔汉宣布起义，新疆实现和平解放，回到了中国的大家庭。

4 指挥二野进西南

第二野战军的进军方向西南，是蒋介石派 45 万重兵固守并亲自坐镇督战的地方。蒋军为了保存实力，力避与人民解放军决战。

9 月 12 日，毛泽东向二野和四野领导人下达电令："如果白崇禧占领贵州省城，无论二野、四野均暂时不要去打他，二野的两个兵团以主力一直进至重庆以西叙府、泸州地区，然后向东打，占领重庆。""二野之陈赓兵团，在配合四野五个军完成广西作战以后，即进占云南，完成对贵阳之包围。然后，四野以一部由广西向北，二野以适当力量分由云南、黔北向东向南包围贵阳之敌而歼灭之。总之，我对白崇禧及西南各敌均取大迂回动作，插至敌后，先完成包围，然后再回打之方针。”[①]

10月19日，毛泽东提出西南地区的作战方针，指出：西南重心是四川，我二野主力必须于十二月占领叙府、泸州、重庆一带。按照毛泽东的意图，为了迷惑敌人，二野“明修栈道，暗渡陈仓”，秘密进军。

为此，新华社公开发布了刘伯承、邓小平率部经徐州、郑州西进，并在郑州召开群众大会准备进军四川的新闻报道，制造我军主力将由陕入川的假象。与此同时，二野主力第五兵团则以参加湖南地区衡宝战役的姿态，由上饶隐蔽开往湘西。二野指挥机关以及随之行动的第三兵团，则由郑州秘密南下，集结湘西。这样，二野向西南的进军与四野部队的锣鼓喧天不同，完全是偃旗息鼓，不显踪迹。行至武汉时，刘邓首长欣慰地说：“这样子好，毛主席要的就是这种气氛。”

11月15日，我军解放贵州省会贵阳，6天后，又解放贵北重镇遵义，蒋介石的西南防线被拦腰切断。

坐镇重庆的蒋介石如梦方醒，急忙调兵增援。但增兵在重庆外围地区被我重创。11月28日，毛泽东电令我军“迅速占领重庆”。11月30日，蒋介石在我军的隆隆炮声中自重庆仓皇逃往成都。重庆回到人民手中。

在部署西南战役时，毛泽东曾提出在对敌军事打击的同时，兼用政治方法解决。按照这一思想，刘邓首长于11月21日向西南地区国民党军政人员发出忠告，希望他们停止抵抗，实行改编。

12月9日，云南省主席卢汉、西康省主席刘文辉等人宣布起义。云南、西康获得解放。

这时，毛泽东命令二野迂回部队迅速占领乐山、蒲江、邛崃一线，

---

①《毛泽东年谱》（1893—1949）修订本下卷第572页。

截断成都之敌的退路。我军迅速对成都之敌形成包围。

12 月 10 日，成都凤凰山军用机场，戒备森严。下午 2 点，一辆小轿车在几辆军车保护下，急驰到准备起飞的一架专机旁。身着戎装的蒋介石匆忙下车，又迅速钻进飞机。在马达的轰鸣中，蒋介石飞离了成都，告别了大陆，飞去了台湾，直到 1975 年 4 月 5 日在台湾病逝，再也没有回到大陆。

12 月 26 日，几十万国民党军队被人民解放军聚歼在川西的成都盆地。

到 1950 年 5 月，西南的四川、贵州、西康、云南四省全部解放。

在指挥人民解放军进军西南、西北时，毛泽东也筹划着西藏的解放。

1949 年 8 月 6 日，毛泽东电示一野领导人，要他十分注意保护、并尊重班禅和甘、青境内的西藏人，以为解决西藏问题的准备。

新中国成立后，毛泽东加快了解放西藏的部署。开始，他准备以西北局担负主要责任。在访苏途中，他写信给中央领导，指出："进军西藏宜早不宜迟。"在西北局报告了进藏问题的困难后，远在苏联的毛泽东电示国内，指出："西藏人口虽不多，但国际地位极重要，我们必须占领。"[①] 同时确定经营西藏的任务由西南局承担，并预定争取于 1950 年 5 月中旬开始向西藏进军。

在确定了进军西藏的任务后，毛泽东又考虑解决西藏问题的方式，决定采取谈判的方法和平解决。

但西藏亲帝国主义分子对我和平主张置若罔闻，他们调动兵力布防于金沙江沿线，企图以武力阻止人民解放军进藏。

人民解放军被迫于 1950 年 10 月发动昌都战役，歼灭藏军 5000 多人。

---

①《建国以来毛泽东文稿》第一册第 208 页，中央文献出版社 1987 年出版。

在中央人民政府和平解放西藏的政策感召下和西藏爱国力量的推动下，西藏地方政府于1951年2月派出代表赴京同中央人民政府进行谈判。毛泽东亲自接见了谈判代表，并审阅修改了谈判协议的草案。

5月23日，中央人民政府代表和西藏地方政府代表，在北京签署了《关于和平解放西藏办法的协议》。毛泽东设宴庆祝。他打开一本国民党时期的地图册，对西藏谈判代表阿沛·阿旺晋美等人说：国民党把西康和西藏的分界线划到了二布江达一带，以东为西康，以西为西藏。我们今后还是以金沙江为界，金沙江以西为西藏。

毛泽东在宴会上祝酒说：和平协议的签订，标志着西藏民族从此摆脱了奴役的枷锁，回归到中华民族的大家庭中来。这是西藏人民走向光明和幸福的第一步。

1951年10月24日，达赖喇嘛以西藏地方政府和他个人的名义，致电毛泽东，表示要“在毛主席及中央人民政府领导下，积极协助人民解放军进藏部队，巩固国防，驱逐帝国主义势力出西藏，保卫祖国领土主权的统一”。

到1952年7月，人民解放军进驻西藏各边防要地，把五星红旗插遍了雪域高原。

5 指挥三野战东南

负责经营东南的第三野战军，接到毛泽东“提前入闽”的指示后，第十兵团于1949年7月2日，由苏州、常州、嘉兴一带，冒着酷暑向福建进军。

1949年8月11日，我军发起福州战役，于8月17日解放了福州。

福州首战胜利后，毛泽东鼓励三野全军继续作战，再创佳绩。9月12日，十兵团发起漳厦战役，首先攻占了漳州，余敌逃往金门、厦门等地。

10 月 15—17 日，我军进行厦门岛屿战斗，歼敌 2.5 万人，解放了厦门岛，清除了国民党金门、台湾的屏障。

在第十兵团发起福州战役的同时，第七兵团进行了解放舟山群岛的准备。

毛泽东对舟山作战极为关心，亲自电询粟裕等人：“舟山群岛共有敌军 5 万人，并有顽强的战斗力，你们以两个半军进行攻击是否足够？”

8 月 18 日，我军先取舟山外围的大榭岛。在掌握了金塘岛的潮汐规律后，10 月 3 日，我突击梯队的 300 多只船鼓风扬帆，直奔金塘岛，仅用 75 分钟就驶抵岸滩。舟山岛外围防线打开了一个缺口。

蒋介石命令亲信陈诚于 10 月中旬赶赴舟山策划防务，把守敌增至 9 万人。

毛泽东也立即调整部署，增派部队进驻浙东沿海。

1950 年 5 月，正当解放军准备发起解放舟山的战斗时，蒋介石指挥舟山守军从 5 月 13 日起秘密撤退。5 月 19 日，舟山群岛全部解放。

6 指挥四野夺中南

第四野战军遵照毛泽东的指示，分三路进军中南地区。

他们的对手主要是桂系军阀白崇禧。此人号称“小诸葛”，毛泽东称他为“中国境内第一个阴险狡猾的军阀”，他把主力布在浙赣路西段以及以北地区。

6 月下旬，我军发起湘赣战役，但敌军一再避战，我军未能歼其主力。

7 月 16 日，毛泽东电示前线指挥员：和白部作战方法，不要采取近距离包围迂回方法，而应采远距离包围迂回方法，方能掌握主动，即完全不理白部的临时部署，而远远地超过他，占领他的后方，迫其最后不得不和我作战。

按照这一战法，四野的西路军第十三兵团经湘西直插百色、南宁，把敌军向云、贵的退路断掉；东路军第十五、第四兵团首歼广东敌军，解放广州，然后由广东大迂回广西，把敌军向雷州半岛和海南岛的退路断掉；中路军第十二兵团由北向南，先歼湘南敌军，然后向广西推进。

10月2日，我军发起衡宝战役，把白部主力四个师歼灭于祁阳以北的五峰山地区。之后，桂军余部十几万人退入广西。我军从11月上旬开始，分三路追歼残敌。到12月中旬，把逃敌17万人歼灭在博白、廉江一带。广西全境获得解放。白崇禧飞逃海南岛。

12月18日，远在苏联的毛泽东，起草了给林彪关于渡海作战的指示。之后，又多次就解放海南作出指示。

1950年3月5日19时，我军先头部队乘13只帆船，开始偷渡琼州海峡，取得成功。此后一个月内，又有三支先遣队先后在海南岛登陆。4月16日下午，我军主力分乘400多只帆船，浩浩荡荡进发海南，开始了琼州海峡上自古以来的最大一次渡海作战。4月30日，中国的第二大岛——海南岛宣告全部解放，五星红旗插到了天涯海角。

在指挥四野进军中南时，毛泽东还亲自劝服程潜举行了湖南起义。

毛泽东和程潜是老乡，年轻时，毛泽东还在程潜的部队中当过半年兵。

1945年毛泽东赴重庆谈判期间，曾亲自走访程潜，叙谈了好长时间。

1949年3月，毛泽东托程潜好友章士钊，向程潜转达了希望他起义的愿望。后来又派湖南地下党负责人去做劝导工作。但国民党一兵团的司令陈明仁却担心他在四平之战中给我军以重大伤亡，怕我们同他算旧账。毛泽东知情后表示，四平之事决不追究，当时陈明仁是坐在他们的船上，各划各的船，谁都想划赢，这在情理之中，我们会谅解的。只要站过来就行了，我们还要重用他。

7 月 4 日，毛泽东在收到程潜关于愿意谋取湖南局部和平的备忘录后，致电程潜，对他的态度表示佩慰，并对他的下一步行动作出具体指示，还告诉他："诸事待理，借重之处尚多。"

1949 年 8 月 5 日，程潜、陈明仁通电起义，湖南大部和平解放。

在人民解放军渡过长江后一年多一点的时间里，毛泽东指挥人民解放军实行千里大进军，歼灭了国民党在大陆的全部正规部队，解放了 16 个省。全国解放战争在胜利的凯歌声中宣告结束，中国人民的伟大事业进入了全面建设的新时期。

六、筹建新中国

1949年1月8日，毛泽东在西柏坡主持中国共产党中央政治局会议，通过由他起草的《目前形势和党在1949年的任务》的决议。

毛泽东起草的这个决议说："1949年必须召集没有反动派代表参加的以完成中国人民革命任务为目标的各民主党派各人民团体的政治协商会议，宣告中华人民民主共和国的成立，组成共和国的中央政府，并通过共同纲领。"①

① 提出成立新中国的"路线图"和"时间表"

创建新的人民共和国，是毛泽东和中国共产党人长期的理想和奋斗目标。现在，这个目标已经指日可待，因此，毛泽东再次把它提上全党的议事日程，从而为中华人民共和国的成立画出了"路线图"。

还在抗日战争快要取得胜利的时候，毛泽东就曾代表中国共产党提出要建立"中国共产党领导的、人民大众的、新民主主义的新中国"，以取代国民党蒋介石集团领导的"大地主大资产阶级专政的半殖民地、半封建的旧中国"。但是，毛泽东和中国共产党人的这一愿望，被蒋介石发动的内战打断了。

①《毛泽东文集》第五卷第234页。

▲毛泽东在新政协筹备会上

蒋介石发动大规模内战，本想在6个月内消灭共产党，但是没想到，一年多以后，共产党不但没有被消灭，反而率领军队进入了战略进攻，占了上风。1947年10月10日，毛泽东起草并公布了《中国人民解放军宣言》，正式提出了“打倒蒋介石，解放全中国”的口号，并首次发出号召，“联合工农兵学商各被压迫阶级、各人民团体、各民主党派、各少数民族、各地华侨和其他爱国分子，组成民族统一战线，打倒蒋介石独裁政府，成立民主联合政府”[①]。创建新的

①《毛泽东选集》第四卷第1237页。

人民共和国开始由毛泽东真正提上中国共产党的议事日程。

1948年3月20日，毛泽东在离开陕北杨家沟前往晋绥解放区的前夕，起草了给党内的一份情况通报，为创建新中国排出了具体的“时间表”。他写道：“本年内，我们不准备成立中央人民政府，因为时机还未成熟。在本年蒋介石的伪国大开会选举蒋介石当了总统，他的威信更加破产之后，在我们取得更大胜利，扩大更多地方，并且最好在取得一二个头等大城市之后，在东北、华北、山东、苏北、河南、湖北、安徽等区连成一片之后，便有完全的必要成立中央人民政府。其时机大约在一九四九年。”①

2 “五一”口号的提出

1948年4月25日，住在河北阜平县城南庄晋察冀军区大院内的毛泽东，致电党内其他四大书记，通知他们即将召开中央会议，准备讨论邀请港、沪、平、津等地各中间党派及民众团体的代表人物到解放区，商讨关于召开人民代表大会并成立临时中央政府等问题。

4月30日，毛泽东在城南庄主持召开了中央书记处扩大会议。参加会议的除中央五大书记外，还有李先念、陈毅、粟裕、彭真、聂荣臻、黄敬、罗瑞卿、薄一波等。会议讨论了几天前毛泽东提出的议题。当天，中共中央公布庆祝五一节口号，正式向国内外宣布：“各民主党派、各人民团体、各社会贤达迅速召开政治协商会议，讨论并实现召集人民代表大会，成立民主联合政府。”②

口号公布第二天，1948年5月1日，毛泽东便写信给在香港的中国国民党革命委员会主席李济深、中国民主同盟中央主持盟务的

①《毛泽东选集》第四卷第1299页。
②《毛泽东年谱》（1893—1949）修订本下卷第306页。

常委沈钧儒，就召开政治协商会议的地点、时间、人员范围等问题，征求他们的意见；同时起草了民革、民盟和中国共产党三党号召召集政治协商会议的联合声明，委托中国共产党在香港领导统战工作的负责人潘汉年，连信一起面交他们二人，并当面听取他们的意见。可以说，新中国的筹建工作，从这时已经开始在毛泽东的主持和推动下，进入实质性的实施阶段了。

5 月 2 日，中共中央致电上海局，要他们通过华南分局和香港工委等地下党组织，征求各民主党派及重要人民团体的代表来解放区协商召开政治协商会议的意见，电报提出了拟邀请来解放区开会的 29 位知名民主人士的名单，他们是：李济深、冯玉祥、何香凝、李章达、柳亚子、谭平山、沈钧儒、章伯钧、彭泽民、史良、邓初民、沙千里、郭沫若、茅盾、马叙伦、章乃器、张絅伯、陈嘉庚、简玉阶、施存统、黄炎培、张澜、罗隆基、张东荪、许德珩、吴晗、曾昭抡、符定一、雷洁琼。

中国共产党的号召得到了各民主党派的热烈响应。

5 月 4 日，南洋华侨领袖陈嘉庚致电毛泽东，表示拥护迅速召开新政协会议，讨论并实现召集人民代表大会，成立民主联合政府的政治主张。

5 月 5 日，在香港的中国各民主党派与民主人士李济深、何香凝、沈钧儒、章伯钧、马叙伦、王绍鏊、陈其尤、彭泽民、李章达、蔡廷锴、谭平山、郭沫若等人联名致电毛泽东，赞同迅速召开政治协商会议，成立民主联合政府。

5 月 7 日，台湾民主自治同盟发表《告台湾同胞书》，称中共“五一”口号，切合全国人民目前要求，切合台湾全体人民的愿望。

5 月 23 日，民主建国会在上海秘密召开会议，响应中共“五一”口号。

6 月 4 日，在香港的各民主党派及无党派民主人士柳亚子、沈雁冰等125人发出联合声明，热烈赞同中共“五一”口号，并确信：“新的政协召开之后，中国历史将会翻开灿烂的一页，进一步建立一个统一的真正属于人民的新国家。”

6月9日，中国致公党发表宣言，响应中共“五一”号召。

6月14日，民盟发表致全国各民主党派、各人民团体、各报馆暨全国同胞书，认为中共号召是一切民主党派和民主团体乃至全国人民的共同要求。

6月25日，民革发表声明，认为中共的建议，是建立民主幸福的新中国所应循的途径，呼吁各方面人士响应中共的“五一”号召，站到民主革命阵营方面来。

这期间，毛泽东分别于5月7日和6月13日，两次代中央起草电报，指示上海局、香港分局及潘汉年，要他们就召开政协会议、成立新的人民共和国的具体问题征询民主党派及民主人士意见。

3 民主人士分批北上

为了迎接和接待各地来的民主人士，中共中央安排和设定了两个接待地点，一个是东北的哈尔滨，一个是河北平山的李家庄。

1948年8月，朝鲜罗津港开出了一艘苏联货轮，前往香港。9月下半月的一天黄昏，几个穿着短衫、打扮成工人模样的人从香港的港口乘着小舢板，登上了这艘货轮。这艘苏联货船，是由中国共产党租用来专门去接在香港的民主人士北上的。上船的是沈钧儒、谭平山、蔡廷锴、章伯钧四位民主人士。9月29日，他们顺利抵达哈尔滨，成为在中国共产党组织下秘密前往解放区的第一批民主人士。10月3日，毛泽东同朱德、周恩来专门向他们致电，对他们平安抵哈表示慰问。10月11日，毛泽东又致电东北局，要他们邀集沈钧儒等人，恳谈一两次，征得他们对新政协各项问题的同意。

1948 年 11 月 23 日，郭沫若化名“丁汝常”，从香港登上北上的“华中轮”。这艘船也是中国共产党临时租用来秘密运送民主人士的，船上挂着挪威的国旗。和郭沫若同船的，还有马叙伦、许广平、陈其尤、沙千里等人。他们是从香港前往解放区的第二批民主人士。“华中轮”于 12 月 1 日抵达今天的丹东，东北局派人迎接了他们。

12 月 26 日晚，李济深、彭泽民、柳亚子、沈雁冰、马寅初、邓初民、章乃器、洪琛、孙起孟等 30 多人，在中国共产党的组织下，又神不知鬼不觉地登上了苏联货船“阿尔丹”号，从香港启程北上了。为了迷惑外界，李济深上船前还参加了一个有很多人参加的宴会。这第三批民主人士，于 1949 年 1 月 7 日上午抵达大连，而后又到达沈阳。1 月 14 日，毛泽东也专门同朱德、周恩来致电李济深，对他表示欢迎。1 月 17 日，毛泽东又复电中国农工民主党中央监察委员会主席彭泽民，对他抵达沈阳表示欢迎。

1949 年 1 月初，中国共产党又将雷洁琼、胡愈之、楚图南、费孝通、张东荪、沈兹九、田汉等人送到了平山县李家庄。

1949 年 2 月 2 日，毛泽东同朱德二人致电李济深、沈钧儒等已到达解放区的 50 多名各民主党派、各人民团体、文化艺术界、新闻界、社会科学界及其他方面的有影响的爱国人士，向他们敬表欢迎，指出：“诸先生长期为民主事业而努力，现在到达解放区，必能使建设新中国的共同事业获得迅速的成功。”①

1949 年 3 月 14 日，著名民主人士黄炎培等人又在潘汉年等人的安排下，秘密乘船离开香港，北上抵达天津上岸，3 月 25 日抵达北平。

①《毛泽东年谱》（1893—1949）修订本下卷第 451 页。

④ 邀请宋庆龄和海外华侨代表参加新政协会议

孙中山先生的夫人宋庆龄是全国很有影响的爱国人士，也是中国共产党的长期战友。筹建新中国，当然不能缺少她。1949 年 1 月 19 日，毛泽东同周恩来致电在上海的宋庆龄说："新的政治协商会议将在华北召开，中国人民革命历尽艰辛，中山先生遗志迄今始告实现，至祈先生命驾北来，参加此一人民历史伟大的事业，并对于如何建设新中国予以指导。"① 由于健康原因，宋庆龄没有立即成行。

5 月 27 日，上海解放后，毛泽东又委派陈毅前去公馆看望宋庆龄。

6 月 19 日，毛泽东又特派邓颖超带着自己的亲笔邀请信，专程到上海请她北上。毛泽东的邀请信是这样写的：

> "庆龄先生：重庆违教，忽近四年。仰望之诚，与日俱积。兹者全国革命胜利在即，建设大计，亟待商筹，特派邓颖超同志趋前致候，专诚欢迎先生北上。敬希命驾莅平，以便就近请教，至祈勿却为盼！专此。敬颂大安！毛泽东。一九四九年六月十九日"②

8 月 28 日下午，宋庆龄在邓颖超、廖梦醒陪同下，到达北平。毛泽东亲自到车站迎接，并为她举行了热烈、隆重的欢迎仪式。当晚，又举行宴会，并举杯向宋庆龄敬酒。

华侨也是中国革命事业的支持者。1949 年 1 月 20 日，毛泽东分别致电美洲爱国侨胞司徒美堂和南洋爱国侨领陈嘉庚，邀请他们

①《毛泽东文集》第五卷第 237 页。
②《毛泽东文集》第五卷第 238 页。

▲ 1949 年 6 月 19 日，毛泽东邀请宋庆龄先生北上的信

回国参加新的政治协商会议。毛泽东给陈嘉庚的邀请信写道："嘉庚先生：中国人民解放斗争日益接近全国胜利，需要召开新的政治协商会议，建立民主联合政府，团结全国人民及海外侨胞力量，完成中国人民独立解放事业。为此亟待各民主党派及各界领袖共同商讨。先生南侨硕望，众望所归，谨请命驾北来，参加会议。肃电欢迎，并祈赐复。"①陈嘉庚接信后，立即复电："革命大功将告完成，曷胜兴奋，严寒后决回国敬贺。"4月初，70多岁的陈嘉庚从新加坡启程，到香港乘船北上，6月3日抵达天津，第二天到达北平，6月7日，毛泽东让周恩来把陈嘉庚接到香山双清别墅，同他进行了亲切交谈。

83岁的司徒美堂，在大洋彼岸接到毛泽东的邀请信后，力排众议，决计回国。最后于8月下旬到达北平。

5 出席新政协筹备会

1949年6月15日下午，毛泽东穿着一身新做的蓝衣服，手里拿着文件袋，走出中南海的菊香书屋，走向勤政殿。新政治协商会议筹备会第一次全体会议在这里庄严举行。中国共产党和民主党派、各人民团体、各界民主人士、国内少数民族、海外华侨等23个单位的134人出席了会议。会议的主要任务是：协商确定参加正式会议的各单位和代表人数，决定召开正式会议的时间、地点、议程；拟定新政治协商会议组织条例草案；协商政府人选。

当毛泽东和其他领导人走进会场时，大厅里顿时响起热烈的掌声。毛泽东面带笑容向会议代表招手致意，然后坐到主席台前排的101号座位上。他的右边坐的是周恩来，左边坐的是朱德，恰好是

①《毛泽东书信选集》第316页。

一文一武。后来他们一位成为共和国的总理；另一位成为共和国的元帅。

临时主席周恩来宣布会议开幕。在致了开幕词后，他请毛泽东讲话。

参加会议的代表们，用长时间的掌声表达了对毛泽东的欢迎。

掌声停止后，毛泽东用洪亮的湖南口音发表讲话："诸位代表先生：

我们的新的政治协商会议的筹备会，今天开幕了。这个筹备会的任务，就是：完成各项必要的准备工作，迅速召开新的政治协商会议，成立民主联合政府，以便领导全国人民，以最快的速度肃清国民党反动派的残余力量，统一全中国，有系统地和有步骤地在全国范围内进行政治的、经济的、文化的和国防的建设工作。全国人民希望我们这样做，我们就应当这样做。"①

接着，毛泽东回顾了中国共产党发起召开新政协得到全国人民响应的过程，介绍了人民解放战争的胜利形势，提醒人们不可因为胜利而放松对于帝国主义分子及其走狗的疯狂的报复阴谋的警惕性。

毛泽东代表中国人民向全世界宣布："中国人民愿意同世界各国人民实行友好合作，恢复和发展国际间的通商事业，以利发展生产和繁荣经济。"②

最后，毛泽东豪迈地宣告："中国人民将会看见，中国的命运一经操在人民自己的手里，中国就将如太阳升起在东方那样，以自己的辉煌的光焰普照大地，迅速地荡涤反动政府留下来的污泥浊水，治好战争的创伤，建设起一个崭新的强盛的名副其实的人民共

①《毛泽东选集》第四卷第 1463 页。
②《毛泽东选集》第四卷第 1466 页。

▲新政协筹备会会场

和国。①

毛泽东讲话后，朱德、李济深、沈钧儒、郭沫若、陈叔通、陈嘉庚先后讲话。

正像陈叔通在讲话中所说的那样：新政协筹备会的开幕，意义是非常重大的，它象征着一个旧时代的终结，又象征着一个新时代的开始。

第二天，会议通过了《新政治协商会议筹备会议组织条例》和参加新政治协商会议筹备会的各代表名单、筹备会常委会名单，还有新政协筹备会各小组名单。毛泽东被推举为筹备会常委会主任。

参加筹备会的 134 名代表共分为六个小组，分别担负拟定参加新政协的单位及名额，起草新政协组织法和中央人民政府组织法，起草共同纲领草案和宣言，拟定国旗、国徽和国歌方案等任务。

9 月 18 日晚 6 点钟，北平党政军及各群众团体等 20 个单位，在中南海瀛台大殿设宴，欢迎参加会议的全体代表。

毛泽东坐在宴会的第一桌，和他同桌的，有何香凝、陈嘉庚、司徒美堂、陈叔通、许德珩、郭沫若、李立三等人。席上，毛泽东谈笑风生，不断地为老人们夹菜。

他风趣地说："我们这一桌什么都齐了，有无产阶级李立三，有无党派人士、文学家郭沫若，有民主教授许德珩，有工商界前清翰林陈叔通，还有妇女界廖夫人及华侨两老人。这是统一战线的胜利呀！"宴会结束后，全体代表又到怀仁堂观看了由李少春、袁世海和吴素秋主演的京剧《野猪林》。

从 6 月 16 日到 9 月 21 日，新政协筹备会先后召开了 8 次会议，对筹备过程的一系列问题进行讨论和决定。

经过多次协商研究，最后确定参加新政协的正式代表和候补代

①《毛泽东选集》第四卷第 1467 页。

表共662人。

当这662人的名单印制成厚厚的一本簿册呈送毛泽东审阅时，毛泽东幽默地说：“这是一部天书。”

名列这部“天书”的人，具有广泛的代表性，其中有各民主党派、各人民团体、各地区、人民解放军、少数民族、海外华侨和宗教界等各方面的代表，包括了从辛亥革命、北伐战争、五四运动、抗日战争到解放战争各个历史时期的代表性人物，甚至还包括清朝末期和北洋时期较有声望以及后来同情革命、并为人民做过好事的人士。

毛泽东批准了这个名单。他就是要集天下各方之英才，建立一个崭新的体现各族人民大团结、大联合的人民共和国。

6 提出实行人民代表大会制度

本来，按照1948年4月30日公布的“五一”口号精神，中共中央原来是设想先召开百人左右的小规模的新政协会议，商定召开全国人民代表大会，然后由全国人民代表大会产生中央人民政府的。后来，夺取全国胜利、成立中央人民政府的时间比原来估计的大大提前，来不及进行普选，中共中央和一些民主党派的负责人认为，新政协具有临时人民代表大会的性质，新政协即可产生中央人民政府。因此，中共中央决定扩大新政协代表人数，由新政协成立中央人民政府。

尽管中央人民政府成立前由于时间的关系没有来得及召开全国人民代表大会，但毛泽东对人民代表会议这种组织形式还是十分重视的。

还在1948年9月中央政治局会议上，毛泽东就提出了要实行人民代表大会制度。他说：“我们政权的制度是采取议会制呢，还是采取民主集中制？过去我们叫苏维埃代表大会制度，苏维埃就是代

▲新政协筹备会第一次全体会议代表合影

表会议，我们又叫‘苏维埃’，又叫‘代表大会’，‘苏维埃代表大会’就成了‘代表大会代表大会’。这是死搬外国名词。现在我们就用‘人民代表会议’这一名词。我们采用民主集中制，而不采用资产阶级议会制。议会制，袁世凯、曹锟都搞过，已经臭了。在中国采取民主集中制是很合适的。我们提出开人民代表大会，……不必搞资产阶级的议会制和三权鼎立等。”①

进入 1949 年以后，毛泽东多次要求各地建立人民代表会议制度，召开人民代表会议或各界代表会议。

1949 年 1 月 10 日，毛泽东在一个批示中就已提出：“各地新区外均应建立人民代表会议制度，首先是区、村人民代表会议，方能防止命令主义与官僚主义。”② 他把人民代表会议制度看作防止政权机关命令主义与官僚主义的一个良方。

8 月 7 日，毛泽东在收到华东局关于上海市人民政府召开各界代表会议的情况报告后，亲自复电说：“此种会议有很大用，可以依靠它去联系群众，帮助我们克服困难。”他要求“华东所属各城市均应举行，并应看重此种会议”③。

8 月 13 日下午，毛泽东特意出席了北平市各界代表会议，并且作了简短的讲演。他庆祝北平各界代表会议的成功，希望全国各城市都能迅速召集同样的会议，加强政府同人民的联系，协助政府进行各项建设工作，克服困难，并从而为召集普选的人民代表大会准备条件。毛泽东说，一俟条件成熟，现在方式的各界人民代表会议即可执行人民代表大会的职权，成为全市的最高权力机关，选举市政府。依北平的情况来说，大约几个月后就可以这样做了。这样做的利益很多，希望代表们加紧准备。会上，毛泽东还把自己收到的

①《毛泽东文集》第四卷第 136 页。
②《毛泽东年谱》（1893—1949）修订本下卷第 434 页。
③《毛泽东年谱》（1893—1949）修订本下卷第 547—548 页。

一封未署名的市民来信交给代表会议加以处理。

8月19日，毛泽东又亲自起草电报，指示各中央局、中央分局，要求“三万以上人口城市均须开各界代表会”。“每次解决问题不要多，应集中在一两个问题上。”“代表会毕，有向人民传达和解释会议报告和决定的任务。”①

8月25日，他又起草电报要求有关的中央局和中央分局扼要报告各城市召开各界人民代表会议的经验，并要求各县也“应开县各界代表会议，由农会，工会，学生会，文化教育界，工商业界及党政军选派代表，可以选择若干开明绅士参加，讨论全县工作”②。

第二天，毛泽东又向各中央局、中央分局、各野战军前委发了一份电报，请他们“严催所属三万人口以上的城市，务于九月份一律开一次各界人民代表会议，并一律将开会情形在报纸上公开发表，在广播电台上公开广播。不许可有不开的，不许可不公开发表和不做口语广播。借此以使所属三万人口以上城市的党的组织和各界人民代表亲密结合，经过他们去团结各界人民，克服困难，恢复和发展生产，并克服党的领导机关中的许多人只相信少数人的党内干部会议，不相信人民代表会议的官僚主义作风。”③

9月4日，毛泽东又为中央向各中央局和中央分局等起草电报，要求各地召开各界代表会议“必须反对形式主义，每次会议要有充分准备，要有中心内容，要切切实实讨论工作中存在的为人民所关心的问题，要展开批评和自我批评，要当作一件大事去办”。“无论是各界代表会议或人民代表大会，党员均不要太多，以能保证通过决议为原则”，“会议之前由党委（市委、县委等）召集代表中的党员开会一次，决定方针”。④

①《毛泽东年谱》（1893—1949）修订本下卷第554页。
②《毛泽东年谱》（1893—1949）修订本下卷第557页。
③《毛泽东文集》第五卷第333页。
④《毛泽东文集》第五卷第338页。

9月上旬和中旬，毛泽东在修改、审校《中国人民政治协商会议共同纲领》草案时，特意改写了这样一段话："各级人民代表大会闭会期间的各级政权机关为各级人民政府。国家最高政权机关为全国人民代表大会。全国人民代表大会闭会期间中央人民政府为行使国家政权的最高机关。"[①]9月29日全国政协正式通过的《共同纲领》采用了这一段话。

新中国成立后，按照毛泽东的这些思想，在全国范围内普选了各级人民代表，并召开了全国人民代表大会和省以下各级人民代表大会。人民代表大会制度成为我们国家保证人民当家做主、保证政府接受人民监督的一项重要政治制度。人民代表大会制度，同多党合作的政治协商会议制度一起，成为中国特色民主政治制度的基石，而奠定这两块基石的，无疑就是毛泽东。

①《毛泽东年谱》（1893—1949）修订本下卷第566页。

七、主持开国盛会

① 出席中国人民政治协商会议第一届全体会议

1949 年 9 月 21 日 19 时，毛泽东出席了在中南海怀仁堂举行的中国人民政治协商会议第一届全体会议开幕式。这次会议将宣布中华人民共和国的成立，是新中国的开国盛会。

中国人民政治协商会议这个名称，是四天前，也就是 9 月 17 日，由新政协筹备会第二次会议正式决定的，它是由原来所称的新政治协商会议改称的。

出席这次开幕会议的，有正式代表 634 人，被邀来宾 300 人，新闻记者 31 人，其中包括外国记者 4 人。会场的主席台正中，悬挂着象征全国人民大团结的中国人民政治协商会议会徽，两旁并列孙中山、毛泽东画像，四面红旗分列两旁。

当毛泽东和其他领导人走进会场时，怀仁堂里雷鸣般的掌声持续了两分钟之久。

毛泽东走上主席台，宣布中国人民政治协商会议第一届全体会议正式开幕。这时，军乐队奏起雄壮的乐曲，场外，54 响礼炮为会议大壮声威。

礼炮和乐曲停止后，毛泽东致开幕词：

“诸位代表先生们，全国人民所渴望的政治协商会议现在开幕了。

我们的会议包括六百多位代表，代表着全中国所有的民主党派，人民团体，人民解放军，各地区、各民族和国外华侨。这就指明，我们的会议是一个全国人民大团结的会议。”

“现在的中国人民政治协商会议是在完全新的基础之上召开的，它具有代表全国人民的性质，它获得全国人民的信任和拥护。因此，中国人民政治协商会议宣布自己执行全国人民代表大会的职权。”

“诸位代表先生们，我们有一个共同的感觉，这就是我们的工作将写在人类的历史上，它将表明：占人类总数四分之一的中国人从此站立起来了。……我们团结起来，以人民解放战争和人民大革命打倒了内外压迫者，宣布中华人民共和国的成立了。我们的民族将从此列入爱好和平自由的世界各民族的大家庭，以勇敢而勤劳的姿态工作着，创造自己的文明和幸福，同时也促进世界的和平和自由。我们的民族将再也不是一个被人侮辱的民族了，我们已经站起来了。”①

听着这豪迈的声音，所有代表都不断地长时间地热烈鼓掌，很多代表热血沸腾，眼里含着激动的泪花。他们共同见证了一个民族的翻身之日，他们共同目击了一个国家的崛起之时。这个时刻、这个讲话、这些人，都被永远地载入了中国的史册。

会议在为人民解放战争和人民革命中牺牲的人民英雄志哀后，中国共产党代表刘少奇、特邀代表宋庆龄、中国国民党革命委员会代表何香凝、中国民主同盟代表张澜、人民解放军代表陈毅、民主

①《毛泽东文集》第五卷第342—344页。

建国会代表黄炎培、新疆代表团代表赛福鼎·艾则孜、华侨代表司徒美堂、中华全国总工会代表李立三、东北解放区代表高岗以及特邀代表程潜、张治中先后作了大会发言。宋庆龄在发言中说：今天，中国是一个巨大的动力，中国的人民在前进，在革命的动力中前进。这是一个历史的跃进，一个建设的巨力，一个新中国的诞生。黄炎培在发言中说：我们要在这中国人民政治协商会议中间，在东半个地球大陆上边，建造起一所新的大厦来。这一所新的大厦，已提名了是中华人民共和国。

2 毛泽东和《共同纲领》

第二天，9 月 22 日，毛泽东继续出席人民政协全体会议。会议听取了政协筹备工作的报告，政协会议组织法起草经过的报告，中央人民政府组织法起草经过的报告，政协共同纲领草拟经过的报告。

政协《共同纲领》是即将成立的新中国的临时宪法，也是即将成立的中央人民政府的施政纲领，是这次政协会议将要通过的三大历史性文献中最为重要的一件。对这一纲领的草案，毛泽东作了仔细的研究和多次修改与校对。从今天保存下来的毛泽东手稿看，9 月 3 日，毛泽东曾给胡乔木写有一信，交代他“纲领共印三十份，全部交我，希望今晚十点左右交来。题应是《共同纲领》”。9 月 6 日这一天，毛泽东又三次写信给胡乔木，先告诉他“今晚付印的纲领，请先送清样给我校对一次，然后付印”。校完后，又告诉他：“即刻付印，一小时内交我。”看完这一稿并作了改正后，毛泽东再告诉他：“照此改正，印成小册子一千本。”9 月 11 日下午 4 时半，毛泽东又写一信给胡乔木，让他把《共同纲领》“即刻印一百份，于下午 8 时左右送交周副主席。但不要拆版，俟起草小组修正后，再印一千份”[①]。

在这期间，毛泽东对《共同纲领》草案有三处大的文字修改，共改写了三段重要的话。9月10日晚9时，毛泽东还和周恩来等人专门讨论《共同纲领（草案）》的修改问题，一直持续到第二天早晨7时。可以说，这部中国人民的大宪章，不仅凝结着毛泽东的许多重要思想，而且也直接凝结着毛泽东的许多心血。

《中央人民政府组织法》也是一个关系到新的人民政府政治运行体制的重要文件。8月27日，毛泽东在出席新政协筹备会第四次常务委员会会议讨论修改《中央人民政府组织法（草案）》时，就中央集权与地方分权问题作了发言，提出了中央人民政府管理事务的重要原则，他说：历来的中央集权、地方分权，只有我们能解释。对于必须集中的尽量集中，必须抓紧的要抓紧。有人说我们只管政策不管事务。事务是管不胜管，政策问题是关乎几十几百万人民的政治经济生活的。我们是抓紧大的人事、大的政策。我们要有些集中有些不集中才能搞好。所以有些地方要给地方监督之权。鉴于蒋介石的集权，所以我们又集中又不集中，需要集中的集中。

董必武在关于中央人民政府组织法起草经过的报告中说：国家的名称问题，本来过去许多人写文章或演讲都用中华人民民主共和国，黄炎培、张志让两先生曾经写过一个节略，主张用中华人民民主共和国。在第四小组第二次全体会议讨论中，张奚若先生以为用中华人民民主共和国，不如用中华人民共和国。我们现在采用了最后这个名称。

张奚若是当时的清华大学教授，无党派民主人士。新的人民共和国的国名经过充分讨论，最后采用的是一位民主人士提出的名称，这本身已经体现出新的人民共和国建立过程中真正的民主气氛了。

①《建国以来毛泽东文稿》第一册第1—2页。

这一天，英国共产党政治委员会通过决议，致电毛泽东，预祝中华人民共和国成立；波兰《人民论坛报》用六栏标题刊登消息：“毛泽东宣布中华人民共和国的成立——人民的中国是和平进步阵营不可分割的一部分”；法国《人道报》的标题是“毛泽东宣布中华人民共和国诞生”。

9月23日下午和24日、25日，毛泽东继续出席政协全体会议，听取各党派、团体的代表发言。特邀代表张难先十分感慨地说：本小组的代表中如张代表元济、周代表善培，都是七八十岁的人，数十年不愿参加什么政治性的会议，再如李代表书城，宁代表武、张代表稣村等，都是中国同盟会的老人，好多年遇到什么政治性的会议都是不肯参加的。但是此次所召开的人民政治协商会议，大家都欢欣鼓舞，不顾衰老，毅然参加，这真可以代表全国人民之心悦诚服地拥护人民政府。九三学社首席代表许德珩说：大会将要讨论的三个草案，会前600多位代表多次研讨，600多位同人之中，可以说是很少没有发言的，也更很少发言不被重视的；凡是在目前紧要的、能够办得到的建议，都是被采纳的。这种民主的、实事求是的精神，是值得我们佩慰的。会上，毛泽东接受新疆代表团团长赛福鼎献给的维吾尔族服装，并走到主席台前穿上，与新疆代表们一一握手。随后又接受了回族代表的献旗，旗上用回汉两种文字写着：“中国人民的舵师。”毛泽东还接受了北平市妇女和儿童代表献花。

3 毛泽东和国歌、国旗、国徽、纪年、国都的确定

9月25日晚8时，毛泽东在中南海丰泽园召集座谈会，最后协商国旗、国歌、国徽、纪年、国都问题。

国旗、国徽、国歌，作为一个国家的象征，意义重大。还在新政协筹备会上，就有一个小组专门负责拟定国旗、国徽、国歌方案，

并负责国都、国名、纪年等。这个小组由著名的教育家、中国民主促进会负责人马叙伦担任组长，北平军管会主任叶剑英担任副组长，后又增加沈雁冰为副组长。成员有张奚若、田汉、马寅初、郑振铎、郭沫若、翦伯赞、钱三强、蔡畅、李立三、张澜、陈嘉庚、欧阳予倩、廖承志。7月4日，这个小组又推选出国旗、国徽初选委员会和国歌词谱初选委员会，并决定在全国各大报纸上向全国发布征集启示。会后，郭沫若、沈雁冰、郑振铎三人很快拟出了《征求国旗国徽图案及国歌词谱启事》（草案）（以下简称《启事》）。毛泽东亲自修改了这一草案。草案中对国歌歌词应注意的第三点“毛泽东思想”，毛泽东改为“新民主主义”。

经毛泽东亲自修改的《启事》，从7月15日到26日，连续在《人民日报》《新民报》《大众日报》《光明日报》等各大报纸刊载，香港及海外各华侨报纸也纷纷转载。之后，各地的应征稿件纷纷寄来。到8月20日征稿截止的最后一天，新政协筹备会共收到国旗设计稿1920件，设计图案2992幅；国徽设计稿112件，图案900幅；国歌632件，歌词694首。稿件除了来自已经解放的全国各地的，还有来自印度尼西亚、马来西亚等东南亚国家和美国等美洲国家的。投稿的既有高级干部、将军、著名艺术家、学者，也有普通的军人、工人、农民和学生。就连日理万机的人民解放军总司令朱德也在百忙中亲自设计了一幅国旗图案。

评选委员会经过认真遴选，选出38幅国旗图案编印成册，送给政协全体代表进行讨论，广泛征求意见。1949年9月23日，政协筹委会又分成11个组继续对国旗图案进行了广泛的讨论。

对国旗设计，毛泽东一直十分关注，多次作指示和听取意见，并对初选的每一幅设计稿都认真过目。

在25日晚召开的最后一次讨论国旗、国徽等问题的座谈会上，毛泽东说：“过去我们脑子老想在国旗上划上中国特点，因此划上

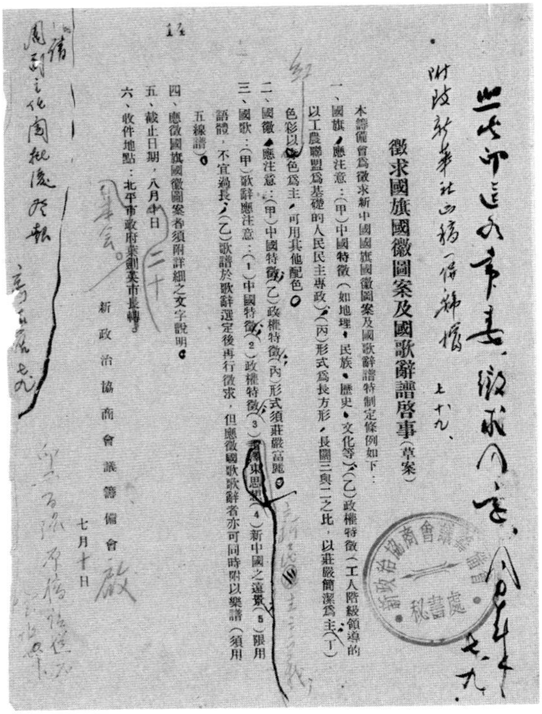

徵求國旗國徽圖案及國歌辭譜啟事（草案）

本籌備會為徵求新中國國旗國徽圖案及國歌辭譜特制定條例如下：

一、國旗應注意：（甲）中國特徵（如地理、民族、歷史、文化等）（乙）政權特徵（工人階級領導的以工農聯盟為基礎的人民民主專政）（丙）形式為長方形，長闊三與二之比，以莊嚴簡潔為主（丁）色彩以紅色為主，可用其他配色。

二、國徽應注意：（甲）中國特徵（乙）政權特徵（丙）形式須莊嚴富麗。

三、國歌：（甲）歌辭應注意：（1）中國特徵（2）政權特徵（3）毛澤東思想（4）新中國之遠景（5）限用語體，不宜過長。（乙）歌譜於歌辭選定後再行徵求，但應徵國歌歌辭者亦可同時附以樂譜（須用五線譜）。

四、應徵國旗國徽圖案者須附詳細之文字說明。

五、截止日期：八月廿日

六、收件地點：北平市政府葉劍英市長轉。

新政治協商會議籌備會

七月十日

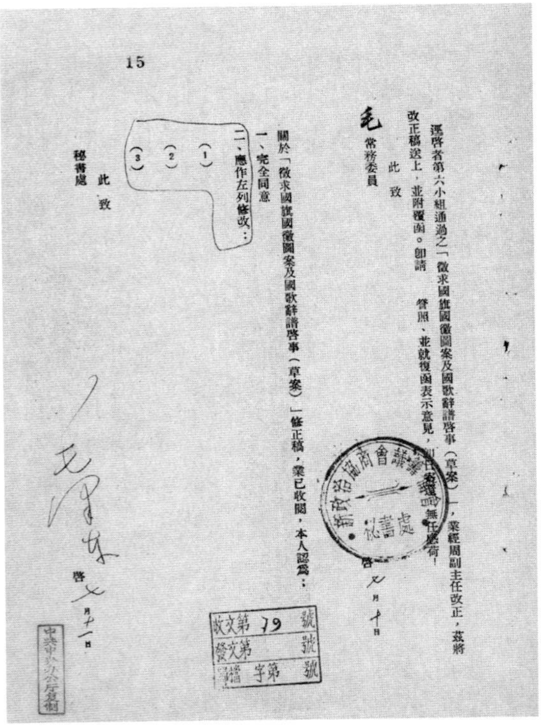

逕啟者第六小組通過之「徵求國旗國徽圖案及國歌辭譜啟事（草案）」，業經周副主任改正，茲將改正稿送上，並附覆函。即請詧照，並就覆函表示意見，[illegible]無任感荷！

此致

毛常務委員

七月十日

關於「徵求國旗國徽圖案及國歌辭譜啟事（草案）」修正稿，業已收閱，本人認為：

一、完全同意

二、應作左列修改：

（1）

（2）

（3）

此致

秘書處

啟 七月十一日

收文第 79 號
發文第 號
歸檔 字第 號

◀毛泽东对《征求国旗国徽图案及国歌词谱启事（草案）》修正稿签署同意

▲国旗图案初选第十七号修正图之一

一条，以代表黄河。其实许多国家的国旗也不一定有什么该国家特点。苏联的斧头镰刀，也不一定代表苏联特征。哪一国也有同样的斧头镰刀。英美的国旗也没有什么该国特点。”

毛泽东拿着由曾联松设计的五星红旗图案对大家说：“这个图案表现我们革命人民大团结。现在要大团结，将来也要大团结。因此，现在也好，将来也好，又是团结，又是革命。”于是，在此前并不被普遍看好的国旗图案，经过毛泽东的慧眼推荐和科学解释，终于脱颖而出了。

经毛泽东这一解释，与会委员都一致同意了这个五星红旗的国旗图案。

在国旗图案决定后，又转入国徽图案的讨论。

国徽的图案在征集上来后，也由马叙伦领导的这个小组多次进

▲曾联松设计的国旗图案初稿

行了评选。毛泽东对国徽的评选工作也很关心，曾在百忙中听取汇报，并提出自己的想法。一次，马叙伦就在小组的会议上传达过毛泽东对国徽的原则意见。他说："我们把上次全体会议选出的国旗图案送毛泽东主席及中共中央其他领导人看时，毛主席说，国旗上不一定要标明工农联盟，国徽上可以标明。"

在9月25日晚的这次座谈会上，大家对国徽图案的意见不一致，所以，毛泽东提议说，国旗决定了，国徽是否可以慢一些决定，等将来交给政府去决定。原小组继续存在，再去设计。后来，将近一年以后，1950年9月20日，毛泽东发布命令，正式公布了国徽图案。

关于国都问题，此前曾有人建议设在重庆、成都、西安或武汉。这次会上大家一致同意设在北平。但北平要不要改名为北京，大家意见稍有不一致，最后，毛泽东一锤定音："还是改一个字好。"

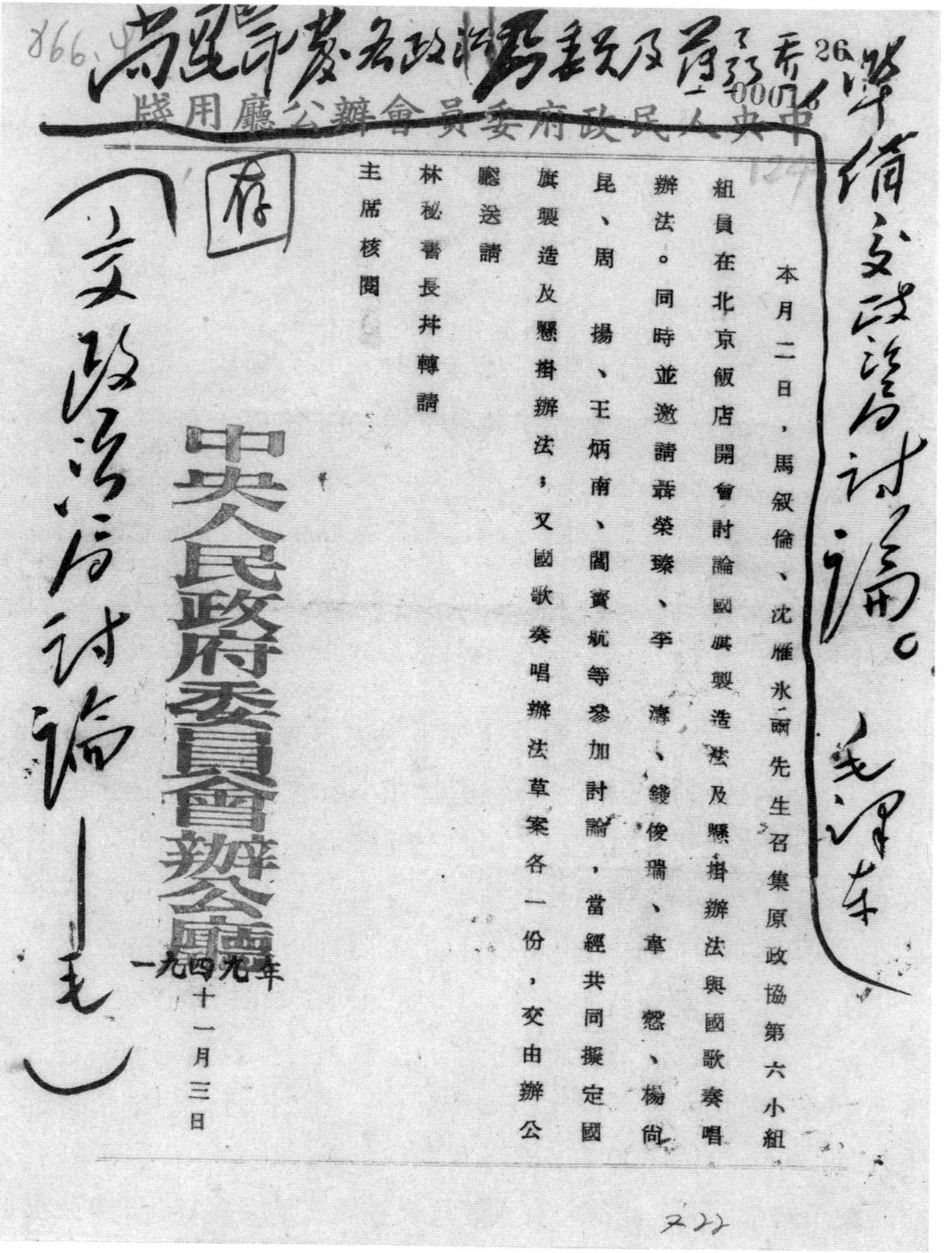

中央人民政府委員會辦公廳用箋

本月二日，馬叙倫、沈雁冰兩先生召集原政協第六小組組員在北京飯店開會討論國旗製造法及懸掛辦法與國歌奏唱辦法。同時並邀請聶榮臻、李濤、錢俊瑞、韋慤、楊尚昆、周揚、王炳南、閻寶航等參加討論，當經共同擬定國旗製造及懸掛辦法；又國歌奏唱辦法草案各一份，交由辦公廳送請

林秘書長并轉請

主席核閱

中央人民政府委員會辦公廳

一九四九年十一月三日

准备交政协讨论。毛泽东

（交政协讨论——毛）

▲毛泽东对第六小组拟定的国旗制造及悬挂办法和国歌奏唱办法草案的指示

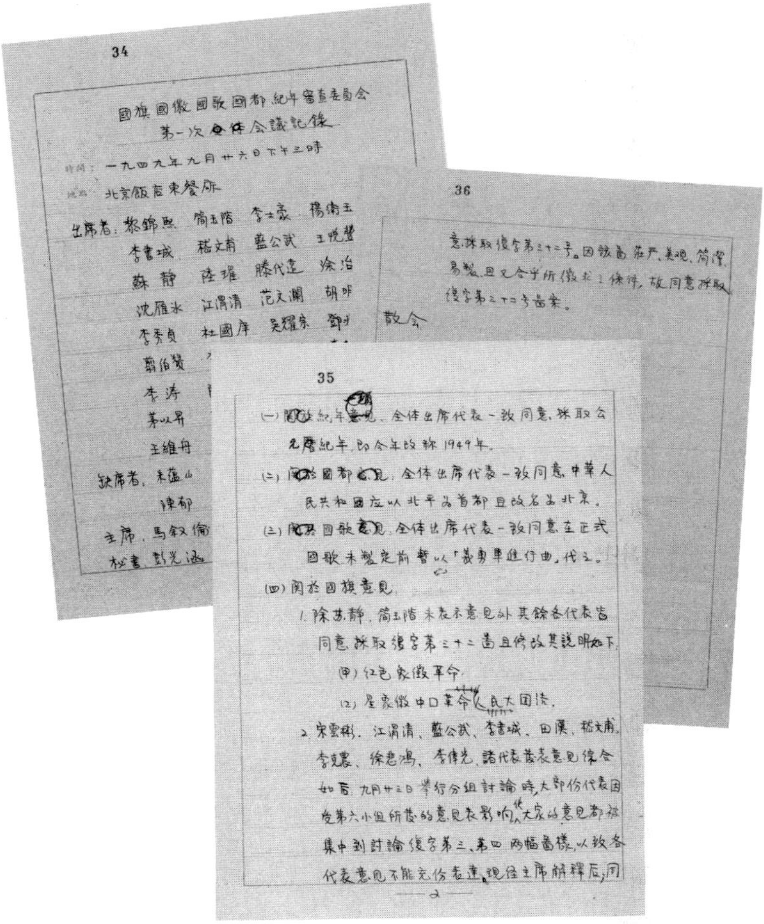
34
国旗国徽国歌国都纪年审查委员会
第一次会议记录
时间：一九四九年九月廿六日下午三时
地点：北京饭店东餐厅
出席者：黎锦熙 翦伯赞 李書城 陆璀 沈雁冰 李秀貞 蕭伯贇 李涛 茅以昇 王維舟
缺席者：
主席：馬叙倫
秘書：彭光涵

36
……字第三十二号。……
散会

35
(一)關於紀年意見，全体出席代表一致同意，採取公元曆紀年，即今年改称1949年。
(二)關於國都意見，全体出席代表一致同意中華人民共和國应以北平為首都且改名為北京。
(三)關於國歌意見，全体出席代表一致同意在正式國歌未製定前暫以「義勇軍進行曲」代之。
(四)関於國旗意見
1. 除……未表示意見外其餘各代表皆同意採取復字第三十二号且修改其說明如下
(甲)红色象徵革命
(乙)星象徵中国革命人民大团结
2. ……諸代表意見綜合如下：九月廿三日举行分组討論時，大部份代表因受第六小组所發的意見影响，大家的意見都被集中到討論復字第三、第四两幅圖樣，以致各代表意見不能充份表達，現经主席解釋后，同
—2—

▲ 1949 年 9 月 26 日国旗、国徽、国歌、国都、纪年审查委员会第一次会议记录

关于纪年问题，与会者一致同意用公元作为新中国纪年。有人提出，如果用公元纪年，老百姓是否可同时用其他年历的问题。毛泽东说：“老百姓要用我们是没有办法，我们不能制法去处罚他们。如过去用中华民国多少年，但老百姓要用甲子年他们还是用了，但我们政府一定要有一个决定采用哪个年号。”黄炎培接着毛

泽东的话说："毛主席讲得很对，但现在有人说我们采用公元是基督教的年号，其实许多非基督教国家都采用了公元。"毛泽东幽默地说："就是耶稣也并不坏，耶稣和今天所推行的基督教的帝国主义并不一样。"这样，在轻松的气氛中，新中国纪年问题就确定了下来。

国歌也同国旗一样，在全国进行了广泛征集，会前共征集到国歌632件，但并不令人满意。

这次座谈会上，马叙伦提议用《义勇军进行曲》暂代国歌。但有人主张对歌词中"中华民族到了最危险的时候"一句加以修改，有人主张不用修改。毛泽东总结道："改还是要改，但旧的还是要。"于是，大家一致赞成用《义勇军进行曲》暂代国歌。

散会前，毛泽东和与会者共唱《义勇军进行曲》。

4 当选中央人民政府主席

9月26日凌晨3时，毛泽东想到政协会上还有一些代表性人物没有发言，便专门写信告诉周恩来说："尚未讲话而应讲话或想讲话的人们，如林遵、邓兆祥、刘善本、章伯钧、张元济、周善培、李书城、柳亚子、张学思、杨拯民、罗隆基、李锡九、李烛尘等人（名单应加斟酌），本日上午或下午必须逐一通知他们写好讲稿，否则明天即来不及讲了。请注意及时组织此事。"①

9月27日，毛泽东继续出席政协全体会议。部分代表继续发言后，会议一致通过了《政协会议组织法》《中央人民政府组织法》和国都、纪年、国歌、国旗的决议。决定：中华人民共和国国都定于北平；自即日起，改名北平为北京；中华人民共和国的纪年采用公元。

①《毛泽东年谱》（1893—1949）修订本下卷第580—581页。

5

中國人民政治協商會議第一屆全體會議會刊

第七期

中國人民政治協商會議新聞處編印

一九四九年九月二十七日

會內刊物 請勿外傳

國旗·國徽·國歌·國都·紀年方案審查委員會第一次會議報告

一九四九年九月二十六日下午三時，本委員會在北京飯店東餐廳召開第一次會議，決定事項如下：

（一）國旗：擬採用國旗圖案參考資料第三十二號圖，並改正其說明：甲、紅色象徵革命，乙、星象徵中國人民革命大團結。

（二）國徽：根據國徽圖案參考資料，邀請專家另行擬製。

（三）國歌：在未製定正式國歌以前，擬暫以義勇軍進行曲代之。

（四）國都：擬定於北平，並改名北平為北京。

（五）紀年：擬用公曆。

以上五項審查之決定，合行報告如右。

此致

中國人民政治協商會議第一屆全體會議主席團

國旗國徽國歌國都紀年方案審查委員會召集人馬叙倫

一九四九年九月二十六日

復選第三十二號圖（紅地黃星）

▲刊登在中国人民政治协商会议第一届全体会议会刊第七期上的国旗、国徽、国歌、国都、纪年方案审查委员会第一次会议报告

▲毛泽东和政协全体代表在天安门广场上为人民英雄纪念碑奠基

今年为1949年。在中华人民共和国的国歌未正式制定前，以《义勇军进行曲》为国歌。中华人民共和国的国旗为红底五星旗，红色象征革命，星象征中国人民革命大团结。

9月29日，毛泽东出席政协全体会议。大会一致通过了《政协共同纲领》、中央人民政府副主席和全体委员的名额、关于选举政协全国委员会和中央人民政府委员会的规定等。会后，毛泽东在中南海颐年堂会晤了周恩来、李立三、郭沫若、李济深、沈钧儒、陈叔通、黄炎培等人，商定由毛泽东起草的中央人民政府委员会就职公告稿。这天下午，政协全体会议主席团决定，10月1日、2日、3

日全国放假三天，以庆祝中华人民共和国中央人民政府成立。

9 月 30 日，政协一届全体会议继续进行各项议程。毛泽东出席了会议。

大会首先选举中国人民政治协商会议第一届全国委员会和中央人民政府主席、副主席及全体委员，随后通过竖立“为国牺牲的人民英雄纪念碑”的决定和由毛泽东起草的纪念碑碑文。

下午 6 点，在会议选举计票的同时，全体代表到天安门广场南端举行人民英雄纪念碑奠基典礼。

在全体代表默哀后，毛泽东走出行列，宣读纪念碑碑文：

> “三年以来，在人民解放战争和人民革命中牺牲的人民英雄们永垂不朽！
>
> 三十年以来，在人民解放战争和人民革命中牺牲的人民英雄们永垂不朽！
>
> 由此上溯到一千八百四十年，从那时起，为了反对内外敌人，争取民族独立和人民自由幸福，在历次斗争中牺牲的人民英雄们永垂不朽！”①

随后，毛泽东和出席会议的各单位首席代表执锹铲土，为纪念碑奠基。

奠基典礼后，全体代表回到怀仁堂继续开会。

执行主席宣布选举结果：毛泽东等 180 人组成政协第一届全国委员会；毛泽东为中央人民政府主席。这时，全体代表一致起立，热烈鼓掌并欢呼“毛主席万岁”数分钟之久。

这次大会一致通过了毛泽东起草的《中国人民政治协商会议第

---

①《毛泽东文集》第五卷第 350 页。

一届全体会议宣言》。宣言指出：“中华人民共和国现已宣告成立，中国人民业已有了自己的中央政府。”“中国的历史，从此开辟了一个新的时代。”①

会议还通过了《慰问中国人民解放军电》。

在朱德致了闭幕词后，毛泽东宣布大会闭幕。

这一天，美联社从旧金山发出一则电讯说：毛泽东，一位转向革命的农民的儿子，已经被指派为新中共政府的首脑。

这一天，莫斯科各大报都刊登了毛泽东当选中央人民政府主席的消息。

5 主持中央人民政府委员会第一次会议

10月1日，早晨6点多钟，忙了一个通宵的毛泽东开始睡觉了。他吩咐身边卫士下午1点钟准时叫醒他。

下午2点，毛泽东穿着一身新做的黄色中山服，来到中南海勤政殿，主持中央人民政府委员会第一次会议。毛泽东宣布中央人民政府主席、副主席和中央人民政府委员会委员就职，中华人民共和国中央人民政府成立。会议互选林伯渠为中央人民政府委员会秘书长，任命周恩来为政务院总理兼外交部长，毛泽东为人民革命军事委员会主席，朱德为中国人民解放军总司令，沈钧儒为最高人民法院院长，罗荣桓为最高人民检察署检察长；决议接受政协共同纲领为中央人民政府施政纲领，通过了《中华人民共和国中央人民政府公告》。

在通过公告时，原来的公告中只列了主席、副主席的名单，而没有列出56位政府委员会委员的名单。张治中委员提议把委员名字

①《毛泽东文集》第五卷第348页。

也都列上。毛泽东马上表示同意，说："好，把56位委员都写上去，可以表示我们中央人民政府的强大阵容。"

6 参加开国大典

会后，全体委员出中南海东门，到午门前下车，沿天安门东西两侧梯道登楼，参加中华人民共和国中央人民政府成立典礼。天安门广场上，30万人参加了这场开国大典。

离开勤政殿前，毛泽东幽默地对周围人说："几年来，我们分秒必争，连续奋斗，打了几年的疲劳战，打出了一个中华人民共和国。今天开国第一天，要在天安门上连续站几个小时，又是一场疲劳战。看来，我们的命运就是打疲劳战。"

下午3点，当毛泽东登上天安门时，广播员对着麦克风激动地大声说："毛主席来啦！毛主席健步登上了天安门城楼啦！"

顿时，广场上的所有人都欢腾起来。掌声、欢呼声响成一片，彩旗和鲜花交相舞动。几十万人沉浸在欢乐的海洋中。

毛泽东站定后，林伯渠秘书长宣布典礼开始，中央人民政府主席、副主席、委员会委员就位。接着，毛泽东走到麦克风前，庄严宣告："中华人民共和国中央人民政府今天成立了。"

在庄严的国歌声中，毛泽东走到操纵升降国旗的电开关旁，用他那扭转乾坤的巨手，按动开关。广场上，鲜艳的五星红旗，新中国的国旗，在30万人的翘首盼望中，徐徐升起，毛泽东脱口喊了一声："升得好！"在28响礼炮结束时，国旗定格在22米高的白色铁杆上，迎风飘扬。

五星升广场！

五星照中国！

五星耀东方！

五星惊世界！

从此，人们将会看到，这个旗下的土地不再贫瘠，这个旗下的人民不再贫困，这个旗下的国家不再贫弱。

接着，毛泽东宣读了中华人民共和国中央人民政府公告，向全世界庄严宣告：

> “本政府为代表中华人民共和国全国人民的唯一合法政府。凡愿遵守平等、互利及相互尊重领土主权等项原则的任何外国政府，本政府均愿与之建立外交关系。”①

然后，毛泽东和其他领导人一起，检阅了人民解放军19000名受阅部队。

在雄壮的军乐声中，由陆海空军各军兵种组成的各受阅方队，由东向西，矫健整齐地通过天安门，接受检阅，并向毛泽东和其他领导人行注目礼。毛泽东和其他领导人举手回礼。阅兵总共持续了三个小时。

威武雄壮的阅兵式结束后，声势浩大的群众游行又开始了。刚刚解放了的人们，身着节日的盛装，手持鲜花和彩旗，心怀喜悦和激动，潮水般地从天安门下滚滚流过。人们都想把站在城楼上的毛泽东和其他领导人看得清楚些，看得多一些，都想把自己对领袖的感激之情，把解放了、翻身了、站起来了的豪迈之情，通过对领袖挥手、向领袖欢呼，表达出来、释放出来。因而，天安门下，金水桥边，“毛主席万岁”的呼声，此伏彼起，震耳欲聋。

面对群众质朴的真情，毛泽东脸上一直洋溢着庄严而慈祥的笑容，并不断地挥手向群众致意。他还不时情不自禁地探身到栏杆外

①《建国以来毛泽东文稿》第一册第15页。

边，伸手招呼群众，高呼：“工人同志们万岁！”“农民同志们万岁！”“同志们万岁！”

天安门前这上下交融的气氛，上下呼应的声音，把共和国人民对领袖的爱，把共和国领袖对人民的爱，真情地表达了出来，并向全世界充分展现了出来。这就是人民的领袖情怀！这就是领袖的人民情怀！这就是新中国迅速崛起、长盛不衰的原因所在！

八、同美英打交道

在国民党反动力量同中国人民的革命力量进行的大决战中，以美国、英国为首的资本主义国家，为了保护他们在中国的特殊利益，一直支持国民党，反对共产党。

当1949年到来、人民解放军就要取得全国胜利的时候，中国共产党应当怎样对待美英等资本主义大国呢？

1 确定独立自主的外交原则

1949年1月6日，毛泽东在中央政治局会议上讲话说：我们不要忙于求得帝国主义国家的承认。我们是反帝。将来我们要做生意，才发生承认与否的问题。我们也不忙承认他们，只是保护侨民。

1月8日，毛泽东起草了内容为目前形势和党在1949年的任务的中央政治局会议决议，其中详细分析并明确指出了美国对华政策的变化："我们从来就是将美国直接出兵占领中国沿海若干城市并和我们作战这样一种可能性，计算在我们的作战计划之内的。这一种计算现在仍然不要放弃，以免在事变万一到来时，我们处于手足无措的境地。但是，中国人民革命力量愈强大，愈坚决，美国进行直接的军事干涉的可能性也就将愈减少，并且连同用财政及武器援助国民党这件事也就可能要减少。一年以来，特别是最近三个月以来，美国政府的态度的摇摆不定和某些变化，证明了这一点。在中国人民中和我们党内存在着的对于美国帝国主义力量的过分估计的错误观点，必须继续地加以指明和克服。”[①] 后来的事实证明了这一点：随着国民党政府的节节败溃，美国没有对中国革命进行直接的军事干涉，并逐步减少了对国民党政府的军事和财政援助，直到国民党政府败退溃逃到台湾。

在这个决议中，毛泽东接着分析道：“美帝国主义的对华政策，已由单纯地支持国民党武装反共，转变为两面性的政策。这即是：一方面，支持国民党残余军事力量及地方军阀，继续地抵抗人民解放军；另一方面，则派遣其走狗混入革命阵营，组织所谓反对派从内部来破坏革命。在人民解放军接近于全国胜利时，甚至不惜用承认人民共和国的方法，以求取得合法地位，实施这一‘内部破坏’的政策。对于这一帝国主义的阴谋计划，我们必须提高警惕性，并坚决地将其击破。”[②] 三个多月后，美国大使司徒雷登在国民党政府的首都被人民解放军占领时没有撤走，而是继续留在南京观望并与中国共产党周旋，就是美国“不惜用承认人民共和国的方法，以求取得合法地位”的一种尝试。仅从这一点，也可以看出毛泽东的预见是多么的准确！

为了统一全党的认识，规范越来越多遇到的涉外事件的处理，1949年1月19日，毛泽东修改并签发了《中央关于外交工作的指示》（以下简称《指示》）。《指示》针对同帝国主义国家的关系说：“许多帝国主义国家的政府，尤其是美帝国主义政府，是帮助国民党反动政府反对中国人民解放事业的。因此，我们不能承认这些国家现在派在中国的代表为正式的外交人员，实为理所当然。我们采取这种态度，可使我们在外交上立于主动地位，不受过去任何屈辱的外

①《毛泽东文集》第五卷第231页。
②《毛泽东文集》第五卷第231页。

交传统所束缚。在原则上，帝国主义在华的特权必须取消，中华民族的独立解放必须实现，这种立场是坚定不移的。”[①] 毛泽东除了亲自修改了以上这段文字外，还加写了两段话，其中关于外交关系的一段话中，毛泽东专门讲了我们怎样处理同美国等资本主义国家的外交关系问题，他写道：“凡属被国民党政府所承认的资本主义国家的大使馆、公使馆、领事馆及其所属的外交机关和外交人员，在人民共和国和这些国家建立正式外交关系以前，我们一概不予承认，只把他们当作外国侨民待遇，但应予以切实保护。对于这些国家的武官，应与外交人员同样看待。但对美国武官，因其直接援助国民党打内战，则应派兵监视，不得给以自由。”[②]

毛泽东在特意写下的另一段话中说：“不允许任何外国及联合国干涉中国内政。因为中国是独立国家，中国境内之事，应由中国人民及人民的政府自己解决。如有外国人提到外国政府调解中国内战等事，应完全拒绝之。”[③]

在这里，毛泽东确定了独立自主的外交原则，这一原则，不但指导了新中国成立前中国共产党的外交事务，而且奠定了新中国外交政策的基石。

1949 年 2 月初，毛泽东在西柏坡同秘密来访的苏联共产党中央政治局委员米高扬谈话时，曾经告诉米高扬：到现在为止的经验是，美军并不想直接卷入中国内战，只是间接干预；其他帝国主义国家实际上也没有能力出来冒险。毛泽东还说：帝国主义同我们国家之间有几笔账要算：第一是他们在我国的一切特权必须全部彻底废除；第二是他们欠我国的一切债务和款项必须偿还；第三是帝国主义的武装部队、警察等必须全部撤离中国。帝国主义分子历来是看不起

①《中华人民共和国史编年》1949 卷第 345 页，当代中国研究所编，当代中国出版社 2004 年出版。

②《毛泽东年谱》（1893—1949）下卷第 441 页。

③《毛泽东年谱》（1893—1949）下卷第 441 页。

中国人的，对他们也得教训教训，使他们的头脑清醒过来。这就是毛泽东、这就是中国共产党、这就是中国人民对待近百年来曾经侵略过中国、取得过在中国的好多特权、掠夺过中国无数利益的英美等帝国主义国家的态度。

2 处理“紫石英”号事件

1949 年 4 月 21 日下午 6 时，毛泽东收到了当天上午从渡江战役前线发来的一份电报，说昨天中午，有两艘外国军舰侵入扬州东南的三江营口岸第三野战军防区，一艘被击沉，一艘被击伤。读完电报，毛泽东很快代中央军委起草回电，告诉他们：“你们所说的外舰可能是国民党伪装的，亦可能是真的。不管真假，凡擅自进入战区妨碍我渡江作战的兵舰，均可轰击，并应一律当作国民党兵舰去对付。”①

电报中所说的两艘外国军舰，后来查明是英国军舰，其中一艘叫“紫石英”号。这一发生在人民解放军即将横渡长江之时的事件，就是著名的“紫石英”号事件。毛泽东的这份电报，是他处理“紫石英”号事件的第一份电报。

4 月 20 日，我人民解放军的上千只木船隐蔽在长江北岸的内河，长江北岸的大炮也一直在瞄准着江面和江南，渡江的行动随时进行。

上午 8 点多钟，江苏泰兴县附近的江面上，一艘军舰正溯江而上。我军发现后，原以为是已与我联络好待机起义的国民党军舰，但仔细观察发现，该舰悬挂的不是约定的联络信号旗，而是花花绿绿的米字旗。

大战在即，外国军舰闯进战区，不管出于什么目的，也不能让

①《毛泽东年谱》（1893—1949）修订本下卷第 486 页。

其妨碍我部队渡江。于是我军升起信号旗，发出警告，要其迅速撤出长江。

这艘军舰，是英国“紫石英”号护卫舰。它排水量3000吨，配有大口径的火炮，全身紫黑，真的像“紫石英”，被称为英国皇家海军的一颗水晶。舰长斯金勒少校，是英国海军的年轻精英。

看到我军的信号旗，斯金勒想：100年来，大英帝国军舰在长江里从来都是畅行无阻，共军连一艘小炮艇都没有，怎能阻拦得了我，于是命令军舰继续西行，并把炮口对准北岸。

9点多钟，当“紫石英”号行驶到三江营江面时，驻守在这里的人民解放军在它的右方和前方，都升起信号旗，对它发出严重警告，要它停止西进。斯金勒置之不理。

忍无可忍的我军只好鸣炮警告。斯金勒下令舰上火炮全部向我炮兵阵地开炮，我军当即阵亡6人，重伤1人，2门野炮被毁。

怒火填胸的我军炮兵立即开炮还击。刹那间，“紫石英”号中弹30余发，指挥台被打歪，想逞威风的舰长斯金勒被炸死，副舰长受重伤，其他官员伤亡惨重。“紫石英”号只好逃向南岸，但慌乱中偏离航道，搁浅在镇江附近江面上，被迫挂起白旗，我军停止炮击。

停在南京的英国海军驱逐舰“伴侣”号，得到“紫石英”号的求救信息后，奉命前去报仇，狂轰我军阵地，炸死我军许多指战员。我军被迫迎头痛击，击毁其指挥台，炸伤其舰长罗伯臣中校。伤痕累累的“伴侣”号只好逃往上海。

停泊在长江口外的英国远东舰队副总司令梅登中将，获悉消息后，立即乘坐“伦敦”号巡洋舰，并率领“黑天鹅”号驱逐舰全速驰援。

4月21日，这两艘军舰一直在江阴江面游弋窥视。眼看离我军全线渡江的时间很近了，我军多次升起警告旗，要其迅速离开。但英舰置之不理。我军只好鸣炮示警。双方又展开一番炮战。我军一发炮弹击中了“伦敦”号指挥台，舰长卡梅勒上校受伤。见势不好的梅登中将只好命令军舰掉头，灰溜溜地逃向长江口外。

21日傍晚，长江涨潮，“紫石英”号浮起，驶入夹江，准备逃跑。但这时，我人民解放军已在千里长江上发起渡江战役，并很快占领了江阴要塞，封锁了长江。“紫石英”号处于人民解放军的严密监视之下。

4月22日凌晨，毛泽东从英国驻北平总领事包士敦给朱德总司令的信中获悉，侵入长江我军防地肇事的外国军舰都是英国军舰。3时整，他为中央军委起草电报给渡江战役前线的指挥员，说，“英国人要求我军对于英舰两艘营救被击损之英舰（‘紫石英’号）船员一事予以便利，我们意见，在英舰不妨碍我军渡江作战的条件下，可予以营救之便利”；“对于英国人要求该二舰于营救事务完毕后，仍须开往南京护侨一事不能同意，应令该二英舰向下游开去。但如该二英舰不听劝告，仍开南京，只要不向我军开炮及不妨碍我军渡江，你们也不要攻击他们。”①

“紫石英”号事件发生后，上海各报都以头版头条作了报道。英国、美国、法国、苏联、瑞士、加拿大等国家的报纸，都在显著位置报道了这条新闻。英、美两国通讯社的报道称：4月20日在口岸附近江中被击损的兵舰是英国由上海派往南京护侨的“紫石英”号，1500吨，被击伤后在镇江以西15英里玫瑰洲处搁浅，已沉没2/3。当“紫石英”号在口岸附近发生炮战时，停泊南京的另一艘英国小驱逐舰“伴侣”号驰往增援，又被击伤，向玫瑰洲下游75公里处行进中。“紫石英”号死17人，伤20人；“伴侣”号死9人，重伤3人。以上两舰出事后在上海之另一艘英国驱逐舰“黑天鹅”号亦即开赴出事地点救援。此外尚有英国1万吨重巡洋舰“伦敦”

①《毛泽东年谱》（1893—1949）修订本下卷第486—487页。

号载有英国远东舰队第二指挥官梅登将军于20日晨到达吴淞口外，原定往上海的，闻“紫石英”“伴侣”两舰战讯，亦改变路程，向出事地点开去，协助救援。路透社从华盛顿的特别报道称：“美国权威方面对英国海军死伤之重感到惊讶。”

22日夜12时，毛泽东又挥笔为新华社长江前线写下一则电讯，报道了人民解放军在渡江作战中，于20日和21日战胜英帝国主义军舰的消息。报道最后写道：“英帝国主义的海军竟敢如此横行无忌，和国民党反动派勾结一起，向中国人民和人民解放军挑衅，闯入人民解放军防区发炮攻击，直接参加中国内战，致使人民解放军遭受巨大损失，英帝国主义政府必须担负全部责任。”4月24日，《人民日报》在第一版发表了这则电讯。

4月23日，毛泽东为中央军委起草给渡江战役总前委的电报，说：英舰事件，现已震动世界各地。请加强江阴方面的炮火封锁，一则使国民党军舰不能东逃，二则使可能再来之英舰不能西犯，如敢来犯，则打击之。毛泽东同时告诉他们：南京英国大使馆一等秘书4月21日夜至浦口，设法找中共联系，取得停战，使伤兵得救。毛泽东指示他们办理此项交涉，只要英方承认错误，即可释放伤员。

4月26日，英国保守党首领丘吉尔在下院发言，把我军炮击驶入我防区的外国军舰说成是“暴行”，并且提议政府“派一两艘航空母舰到中国海上去……实行武力的报复”。同一天，英国首相艾德礼发表声明，说“英国军舰有合法权利在长江行驶”。

4月30日，毛泽东亲自起草了中国人民解放军总部发言人为英国军舰暴行发表的声明。声明责问丘吉尔：“你‘报复’什么？英国的军舰和国民党的军舰一道，闯入中国人民解放军的防区，并向人民解放军开炮，致使人民解放军的忠勇战士伤亡252人之多。英国人跑进中国境内做出这样大的犯罪行为，中国人民解放军有理由要求英国政府承认错误，并执行道歉和赔偿。”[①]

接着，声明又驳斥艾德礼的声明，说：“长江是中国的内河，你们英国人有什么权利将军舰开进来？没有这种权利。中国的领土主权，中国人民必须保卫，绝对不允许外国政府来侵犯。”[②]

毛泽东在声明中要求“英国、美国、法国在长江黄浦江和在中国其他各处的军舰、军用飞机、陆战队等项武装力量，迅速撤离中国的领水、领海、领土、领空”。同时指出：“中国人民革命军事委员会和人民政府愿意保护从事正常业务的在华外国侨民”，“愿意考虑同各外国建立外交关系，这种关系必须建立在平等、互利、互相尊重主权和领土完整的基础上。”“中国人民革命军事委员会和人民政府不愿意接受任何外国政府所给予的任何带威胁性的行动。外国政府如果愿意考虑同我们建立外交关系，它就必须断绝同国民党残余力量的关系，并且把它在中国的武装力量撤回去。”[③]

毛泽东起草的这个声明，表明了中国人民不怕任何威胁，坚决反对帝国主义侵略的严正立场，并且表明了即将成立的新的人民共和国的对外政策。

“紫石英”号处于我军监视后，英军派代表与我军代表多次谈判，要求放行“紫石英”号。谈判过程中，6月23日，毛泽东为中央起草电报，指示：对“紫石英”号的方针，必须英方承认不得人民解放军同意擅自侵入中国内河是错误的这一点，才能释放，否则决不能释放。但英方坚持不肯承认错误。谈判一直进行了很长时间。

7月30日晚9时，“紫石英”号趁我一艘客轮从它旁边驶过的机会，尾随傍行，潜逃出长江口。至此，前后100天的“紫石英”号事件告以结束。

①《毛泽东选集》第四卷第1460—1461页。
②《毛泽东选集》第四卷第1460—1461页。
③《毛泽东选集》第四卷第1460—1461页。

在这一事件中，毛泽东始终坚持了既不怕西方资本主义国家的侵略、挑衅，又不主动破坏同西方国家的关系这样一种对外态度。

3 “别了，司徒雷登”

在同英国打交道中是如此，在同美国打交道时也是如此。

1949年3月，毛泽东在党的七届二中全会上说了这样一段话：我们是愿意按照平等原则同一切国家建立外交关系的，但是从来敌视中国人民的帝国主义，决不能很快地就以平等的态度对待我们，只要一天它们不改变敌视的态度，我们就一天不给帝国主义国家在中国以合法的地位。

这就是毛泽东为中国共产党，也是为即将成立的新的人民共和国制定的外交政策。

美国是帮助国民党反动政权打内战的，当时毛泽东所说的“敌视中国人民的帝国主义”，首先指的就是美国。

但是，当毛泽东指挥的人民解放军占领国民党政权首都南京时，毛泽东和共产党人却意外地发现了一个耐人寻味的奇怪现象：一直帮助国民党打共产党的美国的大使司徒雷登，却仍然稳坐南京不动，而没有跟着国民党政府迁往广州。

司徒雷登是一个出生在中国的美国人，与中国各方面有广泛的联系，在中国办过多年的教会学校，当过燕京大学的校长，在日本侵华时期坐过日本人的监狱。1946年7月，开始担任美国驻中国大使。

这时的司徒雷登，闭门不出，小心翼翼地避免不愉快的事情发生。他密切注视着人民解放军的一举一动，不得不承认解放军纪律严明，士气高昂，对民众几乎秋毫无犯。他留在南京的重要意图，是寻找与我方接触的机会，托人请求和我建交。

这时的毛泽东，对司徒雷登也十分关注。1949 年 4 月 27 日凌晨，毛泽东收到一份电报，知道我军进占南京后，有人擅入司徒雷登住宅。4 时，他为中央军委起草给总前委的电报，对此事提出批评，说：三十五军到南京第二天擅自派兵侵入司徒雷登住宅一事，必须立即引起注意，否则可能出大乱子。三十五军进入南京纪律严明，外国反映极好，但是侵入司徒住宅一事做得很不好。他让总前委把经过情形速即查明电告，以凭核办。

第二天，毛泽东又起草了一份给总前委的电报，指示对美英所应采取的态度。电报说：美英军舰已于 26 日由上海撤至吴淞口外。此种态度于我有利。我方对英美侨民（及一切外国侨民）及各国大使、公使、领事等外交人员，首先是美英外交人员，应着重教育部队予以保护。现美国方面托人请求和我方建立外交关系，英国也极力想和我们做生意。我们认为如果美国（及英国）能断绝和国民党的关系，我们可以考虑和他们建立外交关系的问题。美国援助国民党反共的旧政策已破产，现在似乎正在转变为和我们建立外交关系的政策。

根据这一指示精神，已在南京从事外侨事务工作的黄华，同司徒雷登的秘书傅泾波进行了会见。5 月 8 日，南京市委将情况报告了毛泽东，并请示黄华可否见司徒雷登以及怎样同他谈话。毛泽东和周恩来都详细阅研了报告。5 月 10 日，毛泽东发电指示说："黄华可以与司徒雷登见面，以侦察美国政府之意向为目的。""见面时多听司徒雷登讲话，少说自己意见。在说自己意见时应根据李涛声明。""与司徒雷登谈话应申明是非正式的，因为双方尚未建立外交关系。""谈话时如果司徒雷登态度是友善的，黄华亦应取适当的友善态度，但不要表示过分热情，应取庄重而和气的态度。""对于傅泾波所提司徒雷登愿意继续当大使和我们办交涉并修改商约一点，不要表示拒绝的态度。”①

根据毛泽东的指示，5月13日，黄华以私人身份前往司徒雷登住处，与司徒雷登进行了首次会晤。黄华告诉司徒雷登，美国政府应明确断绝与国民党政府的关系，停止援助蒋介石。6月8日，司徒雷登的秘书傅泾波向黄华提出，司徒雷登有意在返回美国前到北平见周恩来。傅称与司徒雷登研究后认为，关于中美关系，“美国现在很难作出正式表示，此需司徒返美后努力；但司徒需要知道中央更高级方面的意见，回去讲话才有力量。”第二天，中共南京市委把这一情况向中央报告。14日，毛泽东核发中央复电，告南京市委：司徒雷登及傅泾波如再要求来北平，可同意其“在返美前至燕京大学一行”。至于是否与周恩来见面，“待其到北平后再定”。6月18日，傅泾波到南京军管会外侨事务处拜访黄华处长，称：司徒雷登最近得到美国国务院指示，赞成其与中共联络，并希望司徒雷登返回美国两个月后，暂时以私人身份（解除大使职务）回北平，将来承认中国新政权时，重新任命其为驻华大使；司徒雷登离开中国期间，以美国大使馆参事周维陆与中共方面继续保持联系。南京市委当天又把这一情况报告中央。6月21日，毛泽东修改核发了周恩来代中央起草的复电：“司徒返美既在三四周后，可能仍将提出来平一行。”“他如不再提，我们暂时不必表示，以观其变。”接着，毛泽东特地加写了一句十分重要的话：“待他返美前约十天左右，可表示如他欲去平，可获允许并可望与当局晤谈。”②

这时，中央又考虑以非官方渠道与司徒雷登接触，于是决定由北平的燕京大学校长陆志韦，给司徒雷登发了一封邀请函，暗示如他请求来平，可能得到许可。6月27日，傅泾波又拜访黄华，称：司徒雷登现因美国国会不久休会，时间迫促，亟须回国，加以国会

①《毛泽东文集》第五卷第294页。
②《建国以来周恩来文稿》第一册第19—23页，中央文献出版社2008年出版。

内部意见庞杂，恐不能去燕京大学，有意请傅泾波及黄华二人去北平。黄华告知，如司徒雷登仍希望北上，愿去电问明情况。傅泾波企图要中共方面邀请司徒雷登北上，并允许其乘留在南京的美机去北平。当天，南京市委把这一情况电告中央，30日，毛泽东核发了周恩来代拟的中央复电："望告黄华谨守中央去电原则，即我们系准许司徒去燕京一行，彼希望与当局晤面事亦有可能。因此两事均为司徒所提出，决非我方邀请，此点必须说明，不能丝毫含糊，给以宣传借口。""司徒及傅如来北平，只能挂一卧车派人保护，不能许其乘美机来平。如司徒借口不乘美机即无法赶回华盛顿，可置之不理，因美国国会闭会与否，不应予以重视，我们对美帝亦决无改变其政策的幻想。"6月28日，黄华往访司徒雷登及傅泾波，告知中共中央"同意准许司徒去燕京一行，彼希望与当局晤面事亦有可能"。司徒雷登说，因国会于7月底即将休会，时间上恐来不及，同时国会内部派别复杂，此时去北平很容易引起评论，增加不便。他决定把此事报告国务卿艾奇逊，由艾奇逊决定他有无必要去北平。①

美国政府接到司徒雷登拟去北平的报告后，指示他"在任何情况下都不得访问北平"。并要他于7月25日以前返回华盛顿，中途不准停留。

有可能导致新的人民共和国和美国改善关系，甚至有可能改变"二战"后国际政治格局的这一次历史性机会，就这样被美国政府失掉了。

1949年8月2日，司徒雷登一行8人乘坐一架小型运输机由南京起飞，在空中盘旋了一圈，然后恋恋不舍地向东飞去。

十几天后，毛泽东发表《别了，司徒雷登》一文，为美国扶蒋

①《建国以来周恩来文稿》第一册第19—23页。

反共政策的破产和失败“送行”，为这一政策的执行者和象征性代表司徒雷登“送行”。

毛泽东以强烈的民族自豪感和尖锐的讽刺口吻写道：

“人民解放军横渡长江，南京的美国殖民政府如鸟兽散。”“司徒雷登看见了什么呢？除了看见人民解放军一队一队地走过，工人、农民、学生一群一群地起来之外，他还看见了一种现象，就是中国的自由主义者或民主个人主义者们也大群地和工农兵学生等人一道喊口号，讲革命。总之是没有人去理他，使得他‘茕茕孑立，形影相吊’，没有什么事做了，只好挟起皮包走路。”①

4 批驳美国“白皮书”

就在司徒雷登离开南京，快到华盛顿，但是还未到达的日子，8月5日，美国国务院发表了《美国与中国的关系》的白皮书，对1844年中美签订《望厦条约》以来的中美关系作了歪曲的叙述，对抗日战争胜利以来美国实施的扶蒋反共政策的失败进行辩解，特别是把美国对中国的一系列侵略，统统说成是友谊。

从8月14日到9月16日，毛泽东接连发表了5篇文章，对白皮书进行了淋漓尽致的批驳。毛泽东说：艾奇逊吹嘘美国给中国人带来了“盖世无双的技术”“高度的文化”和“新思想”，带来了“进取性”和“友谊”，但其目的是征服中国人的心，要中国人做美国的奴隶，美国的帝国主义殖民统治才能长久。

毛泽东主张应该以艾奇逊和美国的外交白皮书为反面教材，划清与美国对华政策的界限，满怀信心地“另起炉灶”，推行新中国独立自主的外交政策。

①《毛泽东选集》第四卷第1496页。

新中国成立后，11 月 6—8 日，美国国务卿艾奇逊召集马歇尔、史达森等 31 人，讨论对华新政策。除史达森外，其他人都主张立即承认新中国。马歇尔、费正清等人都认为承认新中国是解决今天急迫问题的唯一办法。蒋介石断没有卷土重来的希望，美应立即承认，使相互关系走上正常道路。但是，结果，美国总统杜鲁门于 1949 年 11 月 16 日发表谈话，公开宣称不再考虑与中共建交问题。一个月后，英国外交大臣贝尔则正式通知美国国务卿艾奇逊，英国政府不久将撤销对蒋介石政权的承认，转而承认中华人民共和国。作为重要西方资本主义国家的英国，在承认新中国问题上同美国政策的脱钩，是毛泽东和新中国独立自主外交政策的一个重大胜利。

九、握手苏联

1 到达莫斯科

1949年12月16日中午12点，苏联首都莫斯科雅罗斯拉夫车站的大钟准时敲响。随着钟声的响起，一列火车也在车站月台上慢慢停稳。

车外，苏联部长会议副主席莫洛托夫、苏共中央政治局委员米高扬、苏联元帅布尔加宁等苏联党和国家高级领导人，还有11个东欧和亚洲国家的外交官，都在迎接着一个人的到来，这个人就是第一次到苏联访问的中共中央主席、中华人民共和国中央人民政府主席毛泽东。

毛泽东大步走下火车，莫洛托夫等人快步上前，与他热情握手、拥抱。这是56岁的毛泽东，第一次踏上外国的土地，并在外国的土地上同外国领导人握手。

考虑到毛泽东长途跋涉相当劳累，莫斯科的气候又极其寒冷，出生在中国南方的毛泽东很不适应，所以，按照苏联最高领导人斯大林的吩咐，车站上的这场欢迎仪式隆重而简短。

本来准备在车站发表的演说，毛泽东改成了书面形式。

今天，我们看到当年这个演说是这样写的：

“亲爱的同志们和朋友们：

我这次获有机会访问世界上第一个伟大社会主义国家苏联的首都，是生平很愉快的事。中苏两大国人民是有深厚友谊的。十月社会主义革命之后，苏维埃政府根据列宁斯大林的政策首先废除了帝俄时代对于中国的不平等条约。在差不多三十年的时间内，苏联人民和苏联政府又曾几次援助了中国人民的解放事业。中国人民在患难中，得到苏联人民和苏联政府这种兄弟般的友谊，是永远不会忘记的。”①

欢迎仪式结束后，毛泽东被安排住到莫斯科郊外的姐妹河别墅。
这里是斯大林在第二次世界大战时的住所。
莫洛托夫让毛泽东先休息，晚上，斯大林要会见毛泽东。

2 几次被延后的计划

毛泽东访问苏联，在他自己的计划中，是早就列上的。

还在 1947 年初，毛泽东就曾提出访问苏联，同苏共领导人研究一些问题。斯大林先是表示同意，电报说：“苏联共产党（布）中央委员会认为他不宜就莫斯科之行走露任何风声。如果毛泽东也认为应该这么做，那么我们觉得以通过哈尔滨为佳。届时若需要，我们可以派一架飞机迎接。”但半个月后，斯大林又来电报建议推迟，说：“鉴于即将举行的战役，鉴于毛泽东若离开，会对战事发生不

①《建国以来毛泽东文稿》第一册第 189 页。

良影响，我们认为暂时推迟毛泽东的出行为宜。”①

1948 年 4 月，毛泽东到达华北解放区的河北阜平后，又积极准备去苏联。4 月 26 日，毛泽东致电斯大林，决定准备去莫斯科，就政治、军事、经济和其他重要问题同苏共中央商量和请教。斯大林于 29 日复电同意，但 5 月 10 日又来电，说：“鉴于您所在地区的事态发展，尤其是傅作义已经开始进攻蔚县，也就是说，您来苏途中拟经过的三个地区都在火线上。我们担心，您的出行会影响事态的进程，况且您路上也不太平。有鉴于此，不知您是否应推迟来苏。”②

1948 年 7 月 4 日，毛泽东又一次电告斯大林，拟近期动身去苏联。10 天后，斯大林回电说：因苏共中央领导同志要赴各地征粮，建议推迟到 11 月底。

1948 年 11 月，欧洲共产党和工人党情报局机关刊物编辑部，为纪念十月革命 31 周年，邀请毛泽东为其撰写一篇文章。毛泽东认为这是斯大林对中国革命的重视，于是写了《全世界革命力量团结起来，反对帝国主义的侵略》一文，指出：面对“威胁全世界的美国帝国主义及其在各国的走狗们”，“一切国家的革命力量必须团结起来，必须组成以苏联为首的反对帝国主义的统一战线”。③这是毛泽东首次在世界外交舞台上旗帜鲜明地亮出新的人民共和国外交的旗帜，引起世界舆论界的广泛注意。斯大林对此非常满意。

1949 年 1 月 14 日，斯大林致电毛泽东说：“目前你留在中国是很必要的。如果你愿意的话，我们可以立刻派遣一位政治局的负责的委员到你们那儿来。”④

3 天后，毛泽东复电斯大林说：“我决定暂时不来莫斯科。我们十分欢迎你们派一位政治局的同志来中国，……可以和我们中央

①《中共中央移驻西柏坡前后》第 306 页，中央党史出版社 1998 年出版。
②《中共中央移驻西柏坡前后》第 306 页。
③《毛泽东选集》第四卷第 1358 页。
④《毛泽东年谱》（1893—1949）下卷第 439 页。

书记处五个同志一起谈许多问题（目前主要是政协问题、联合政府问题、外交政策问题）。”“假如你们同意这样做，来的时间以本月底或下月初为适宜。”①

收到毛泽东的电报后，斯大林委派苏共中央政治局委员米高扬来中国，当面听取毛泽东等中共中央领导人对一些问题的看法。

3 接待米高扬来访

1 月 31 日，就在北平获得和平解放的同一天，化名安德列夫的米高扬，乘飞机从大连抵达石家庄，随后乘汽车转赴西柏坡。

下午 1 点，毛泽东在西柏坡自己住的院门口，迎接米高扬。

这是第二次世界大战后，苏联领导人和中共领导人第一次直接的高层接触，也是毛泽东担任党的领导人后，第一次和苏共高层领导的直接见面。

客人一下汽车，毛泽东就热情地迎上前去，连声说：欢迎，欢迎。

进屋后，毛泽东向客人一一介绍了自己的战友。米高扬首先转达了斯大林及苏共中央对毛泽东等领导人的问候，并送上斯大林赠给毛泽东的一块毛料。

米高扬说，斯大林同志讲，毛泽东同志和其他中共中央的领导同志，指挥军队在短短的两三年内，打了这么多的大胜仗，解放了大半个中国，真是为你们的胜利高兴。祝愿中国共产党尽快取得胜利，彻底解放全中国。米高扬说，斯大林同志听说中国打了大胜仗，很高兴。认为中国革命形势的发展，已引起了世界的重视。

毛泽东对米高扬说：“斯大林同志派你来和我们一起研究，当面谈是很好的，非常欢迎你们来。”

① 《毛泽东年谱》（1893—1949）修订本下卷第 440—441 页。

米高扬说，我只是带着耳朵来听的，不参加讨论决定性的意见。

毛泽东重点向客人谈了关于召开新的政治协商会议，成立中华人民共和国中央人民政府的问题。他说，这个政权的性质是无产阶级领导的工农联盟为基础的人民民主专政，其实质是无产阶级专政。不过对我们这个国家来说，称为人民民主专政更合适、更为合情合理。关于这个国家政权的组成及其成员问题，毛泽东向米高扬申明，它必须是个联合政府，名义上不这样叫，而实际上必须是联合的，有各党各派，社会知名人士参加的民主联合政府。这些民主党派已同我们合作多年了，他们在知识界、海外侨胞中有一定的影响，我们准备继续团结他们，照顾他们，给他们在政府部门的各个岗位上留下一定的位置。但国家政权的领导权是在中国共产党手里，这是确定不移的，丝毫不能动摇的。毛泽东总结说：总之，将来政府的组成是以中国共产党为核心、为骨干，同时需要不断加强和扩展统一战线工作。

为了给远道而来的苏联客人接风洗尘，毛泽东用西柏坡最丰盛的晚宴招待他们。餐桌上既有照顾客人们口味的猪排、牛排、沙拉等西餐，也有当地的乡村特色菜，滹沱河鲤鱼，河北烧鸡块等。

米高扬赞扬中国菜好吃，说：“等你们胜利了，我们要派人来学习。”

在接下来的三天中，毛泽东又向客人介绍了中国革命的具体情况，谈到了革命胜利后所要建立的新的国家政权问题，恢复生产和进行经济建设问题，军队整编问题，民族资产阶级和私营工商业问题，少数民族问题和民族政策问题，并谈到了中国的对外政策。毛泽东说：“我们这个国家如果比作一个家庭来讲，它的屋内太脏了，柴草、垃圾、尘土、跳蚤、臭虫、虱子什么都有。解放后，我们必须认真清理我们的屋子，把那些脏东西通通打扫一番，好好加以整顿，等屋内打扫清洁、干净，有了秩序，陈设好了，再请客人进来。

朋友们走进我们的门，建立友好关系，这是正常的，也是需要的。对我们探头探脑，想把脚踏进我们的屋子里的人是有的，不过我们暂时还不能理睬他们。至于帝国主义分子，他们抱着不可告人的目的，一方面想进来为自己抓几把，同时也是为了搅浑水，我们不欢迎这样的人进来。”这就明确地告诉了米高扬：我们将先和苏联等国家建交，其他反共的帝国主义国家，则要等一等再说。“扫净屋子再请客”，这一形象的比喻，成为新中国成立初期对外建交的一个指导方针。这一方针的含义是：必须肃清帝国主义在中国的势力、特权和影响，在新的基础上，同各国建立新的关系。

这一外交指导方针，是符合中国近现代的实际情况的，也是符合中国人民的共同愿望的。因为中国从 1840 年以后，就饱受帝国主义国家的欺负，帝国主义国家通过侵略战争和不平等条约，获得了在中国的许多特权和特殊利益，建立了各自的势力范围。新的人民共和国，必须把这些统统清除掉，在独立自主的基础上，同平等待我、对我友好的国家建立新型的外交关系，从而在外交上一洗前耻，一改旧貌，树立起全新的国际形象。

其实，毛泽东在同米高扬谈话中的这些想法，在这之前就已经形成。

在这 20 多天前，1 月 6 日，毛泽东在中央政治局会议上，就已确定了我们将来同外国建交的先后次序。他说：“我们不要忙于求得帝国主义国家的承认。我们也不忙承认他们。忙的是同苏联及民主国家建立外交关系。”1 月 19 日，他在修改《中央关于外交问题的指示》时，又明确提出了我们对待苏联及新民主国家同对待资本主义国家是不一样的，指出：“对于苏联及新民主国家的领使馆及其所属的外交机关和人员，因为他们的外交政策是与资本主义国家的外交政策在根本上不同的，故我们对待他们的态度亦应根本上不同于资本主义国家。”

2月6日中午，为了同米高扬告别，毛泽东又拜访了米高扬，在作了一番轻松愉快的高谈阔论后，毛泽东同他合影留念。

2月7日，米高扬带着对毛泽东和中国共产党政策不同于以往的进一步了解，离开了西柏坡。米高扬对中国翻译说："毛泽东有远大的眼光，高明的策略，是很了不起的领袖人物。"米高扬的这次密访对于毛泽东和斯大林之间的接近，对于中国共产党和苏联共产党两个共产主义政党之间的沟通，具有重要的作用。

4 委派刘少奇访苏

人民解放军占领国民党政府首都南京后，建立新中国已迫在眉睫，中共中央同苏共中央直接交换意见，取得苏联对新中国政治、经济、外交各方面工作的了解和支持，成为更加迫切的事情。1949年5月中旬，毛泽东把刘少奇从天津火速召回北平，委托他率领中共代表团秘密访苏。6月中旬，在代表团出发前，毛泽东在中南海颐年堂同刘少奇等人一起商定了代表团访苏的工作方针。

刘少奇一行于6月26日到达莫斯科后，第二天就见到了斯大林，刘少奇向斯大林递交了毛泽东的亲笔信。会见后，刘少奇等人致电毛泽东，通报会见情况，并就贷款形式等问题请示毛泽东。毛泽东复电分别予以指示。

7月11日晚，斯大林又一次会见了刘少奇一行。在谈到毛泽东非常关心的1945年苏联同蒋介石政府签订的《中苏友好同盟条约》问题时，斯大林说：1945年签订的中苏条约是不平等的，因为那时是同国民党打交道，不能不如此。这个条约等毛泽东来莫斯科时解决。关于毛泽东来莫斯科的问题，斯大林说：中国政府成立、两国关系建立后，毛泽东就可以来，如果毛泽东还不便来，苏联可以派代表团到中国去。

5 访苏的准备

1949 年 10 月 1 日，新中国成立。中华人民共和国中央人民政府主席毛泽东在天安门上宣读中华人民共和国中央人民政府公告，宣布："本政府为代表中华人民共和国全国人民的唯一合法政府。凡愿遵守平等、互利及互相尊重主权领土等项原则的任何外国政府，本政府均愿与之建立外交关系。"当天，外交部部长周恩来向各国政府发送中央人民政府公告。第二天，苏联政府就发来照会，决定与新中国建交，并互派大使。苏联成为第一个承认新中国的外国政府。当机要秘书把苏联建交照会送到毛泽东手里时，毛泽东看后，兴奋得情不自禁地破例同机要秘书握了握手。当天，他又亲自起草了关于中苏建交的新闻稿，由新华社于 10 月 3 日向世界宣布。

中苏建交，带动了一批新民主国家同中国建立正式外交关系。一个月内，保加利亚、罗马尼亚、朝鲜、匈牙利、捷克斯洛伐克、波兰、蒙古、德意志民主共和国先后与新中国建交。新中国获得了极其宝贵的国际支持。

11 月 9 日，毛泽东决定准备于 12 月初动身去莫斯科，斯大林很快表示欢迎。之后，毛泽东着手进行访苏的具体准备工作，连准备送给斯大林的礼品，他都亲自过问。12 月 1 日，毛泽东专门给山东分局起草了一个电报，说：斯大林同志今年 12 月 21 日七十大寿，中央决定送山东出产的大黄芽白菜、大萝卜、大葱、大梨子作寿礼。请你们接电后于三日内购买每样 5000 斤共 20000 斤，由中央派飞机到济南接运。飞机于 12 月 4 日到济南，请注意时间。你们采购上列各项物品时，请注意选择最好的。另外，在一幅专门送给斯大林的湘绣寿幛上，毛泽东还亲自题了字。

毛泽东一行访问苏联带去的礼物有：①湘绣斯大林像 1 幅；

②瓷烧斯大林像2幅；③中共中央送的丝织斯大林像2幅；④瓷烧带有斯大林像的圆盘10个；⑤上等瓷器的西餐用具一套共190多件；⑥中共中央送给斯大林的铜底烧瓷盘一对；⑦特制景泰蓝茶具两套共10件；⑧清代瓷花瓶一对；⑨象牙雕刻大花瓶一个；⑩象牙雕刻大宝塔一尊；⑪象牙雕刻大龙船一只；⑫象牙雕刻圆球大小共3个；⑬象牙雕刻女英雄像一对；⑭象牙雕刻八仙一套共8件；⑮水晶雕刻小鼎一对；⑯祁门红茶70箱；⑰绿茶30箱；⑱龙井茶750公斤，三种茶叶共3000公斤；⑲白菜、萝卜、大葱、梨子、橘子等共1.5万多公斤。这些礼物共分装了两火车皮。此外，用飞机专送的还有巨幅湘绣斯大林像一件、毛泽东题字的湘绣寿幛一幅、沙田柚子、潮州橘子等。

12月4日，苏联政府派外交部次长带专车到满洲里专门迎接毛泽东。

12月6日凌晨2点半，毛泽东乘坐的专列由北京开出，开始了他的第一次出国访问。此行的随行人员有中共中央宣传部副部长陈伯达，中共中央俄文编译局局长师哲，毛泽东秘书叶子龙，中央办公厅警卫处处长汪东兴，军委办公厅秘书处工作人员陈秉忱等人，陪同者有苏联驻中国大使罗申，苏联专家组负责人柯瓦略夫。另外，东北人民政府副主席李富春、铁道部部长滕代远、公安部副部长杨奇清、外交部苏联东欧司司长伍修权等人从北京上车一直送到边境。

12月9日下午4时，专列从满洲里出境，沿西伯利亚铁路，驶向莫斯科。途中靠站时，毛泽东有时走出车厢，在月台上散散步。车到斯维尔德洛夫斯克时，毛泽东照例下车散步，却忽然满头大汗，头晕目眩。随行人员赶紧把他扶进了车厢。此后，他就再也没有下车散步了。

毛泽东这次访苏的目的，除了要同斯大林就中苏两国间重大政治与经济问题进行商谈，参加斯大林七十寿辰庆祝活动，参观苏联的经济建设等，重点是处理1945年中国国民党政府同苏联政府签订的《中苏友好同盟条约》。

《中苏友好同盟条约》是抗日战争胜利前夕，即日本天皇裕仁宣读终战诏书的前一天，1945年8月14日，蒋介石领导的中国国民政府和苏联政府签订的。根据这个条约，苏联占有中国长春铁路一切权益，旅顺口军港也由苏军占用。作为新的人民共和国的领导人，毛泽东当然希望废除以前的这个损害中国主权和利益的不平等条约。

6 同斯大林的前两次会面让毛泽东的意图受挫

经过十天的长途旅行，毛泽东到达莫斯科后，先好好休息了半天。当晚10点，毛泽东前往克里姆林宫，拜会苏联领导人斯大林。

会见安排在斯大林办公室的小会客厅里。斯大林对会见毛泽东格外重视，他一般不到门口迎接外宾，但这次破例地率领陪同人员，在会客厅门口等候。

一见面，斯大林紧握着毛泽东的双手，端详了一阵，高声赞叹道："你很年轻、很健康嘛，很了不起。"毛泽东回答说："斯大林同志也很健康呀。"

宾主入座后，斯大林对毛泽东由衷赞叹说："伟大，真伟大，你们取得了伟大的胜利，你对中国人民的贡献很大，你是中国人民的好儿子。"

听到斯大林这样热情而崇高的评价，在过去曾多次受到从苏联留学回去的党内教条主义者打击的毛泽东自嘲地说："不，我是长期受打击排挤的人，有话无处说。"斯大林接着说："胜利者是不受谴责的。"

垫场戏唱完后，斯大林决定书归正传，他客气地问毛泽东："你来一趟不容易，那么，我们这次应该做些什么呢？”毛泽东含蓄地说：“恐怕是要经过双方协商，搞个东西，这个东西既好看、又好吃。”苏联人听不明白。其实，毛泽东指的是要签订新的条约。

当毛泽东提到条约问题时，斯大林说，这个问题我们可以讨论并作出决定。需要讲清楚，是应当宣布保留 1945 年缔结的苏中友好同盟条约，还是应当声明将对它进行修改，或者现在就对它作相应的修改。他又说，大家知道，这个条约是根据雅尔塔协定缔结的，这个协定规定了条约的主要内容。这就意味着，这个条约的签订，可以说是取得了美国和英国的同意的。考虑到这个情况，我们在自己的小范围内已决定，对这个条约暂不作任何修改，因为即使对某一条款的修改，也会在法律上给美国和英国以口实，他们会提出也要修改有关千岛群岛、南库页岛等条款的问题。斯大林的这一番话，颇让毛泽东感到意外。因为几个月前刘少奇访苏时，斯大林曾表示过这个条约是不平等的条约、待毛泽东来莫斯科时解决这个问题。毛泽东说，照顾雅尔塔协议的合法性是必要的，但中国社会舆论有一种感想，认为原条约是和国民党订的，国民党既然倒了，原条约就似乎失去了存在的意义。斯大林则退一步说，原条约总是要修改的，不过大约要过两年。

毛泽东又婉转地以试探口气问斯大林：为了解决条约问题，是否需要外交部部长周恩来到莫斯科来。斯大林说，除非有别的事情需要周恩来来，否则不用。这次会谈共进行了两个小时，共谈了和平的可能性，条约、借款、台湾及毛选出版等问题。苏方参加会谈的有莫洛托夫、马林科夫、布尔加宁及维辛斯基等四人，还有翻译费德林。中方除毛泽东外，只有翻译师哲参加。

12 月 21 日，毛泽东应邀出席莫斯科庆祝斯大林七十寿辰大会。毛泽东在庆祝会上首先致辞，这在 13 个外国代表团中，礼遇最高。在毛泽东热情简短的祝词中，会场三次起立，给以长时间的鼓掌。

祝寿祝过了，毛泽东又想到了条约。第二天他主动找到苏方人员，希望再次同斯大林见面，会谈中苏条约等问题。

12 月 24 日，毛泽东与斯大林举行第二次会谈。会谈在斯大林住的别墅里进行，从当晚 11 点半，直到第二天凌晨 5 点，共进行了 5 个半小时，虽然谈了很多问题，但斯大林只字不提中苏条约问题。当毛泽东提议由周恩来到莫斯科，以履行有关条约手续时，斯大林也不同意。

7 毛泽东发火后情况发生变化

斯大林在条约问题上的冷淡态度，令毛泽东难以忍耐。因为毛泽东此次访苏的主要目的就是签订新约。一天，他忍不住对苏方人员发火说："你们还要保持跟国民党的条约，你们保持好了，过几天我就走。我现在的任务是三个：吃饭、拉屎、睡觉。"

这时，继缅甸与新中国建交后，印度也承认新中国，英国也想承认新中国。这个国际新动向，促使斯大林认真对待毛泽东的要求。

正巧，这时英国通讯社放风说，斯大林把毛泽东软禁起来了。消息一出，苏联方面大为紧张。为了戳穿谣言，经双方同意，1950 年 1 月 2 日，毛泽东发表了一个答塔斯社记者问。

记者问：您在苏联将逗留多久？

毛泽东答：我逗留时间的长短，部分地决定于解决有关中华人民共和国利益的各项问题所需的时间。在这些问题当中，首先是现有的中苏友好同盟条约问题。

当天，苏联各大报纸都刊登了毛泽东的这一答记者问。这表明，斯大林在考虑了各种因素后，已同意签订新的条约了。

1950 年 1 月 2 日晚 8 时，莫洛托夫和米高扬二人到了毛泽东的住处，问毛泽东对中苏条约等事情的意见。毛泽东向他们详细说明可以有三种办法：第一种办法是，签订新的中苏友好同盟条约。这样做有极大利益。中苏关系在新的条约上固定下来，在中国国内，工人、农民、知识分子及民族资产阶级左翼都将感觉兴奋，可以孤立民族资产阶级右翼；在国际上，我们可以有更大的政治资本去对付帝国主义国家，去审查过去中国和各帝国主义国家所订的条约。第二种办法是，由两国通讯社发一个简单的公报，只说到两国当局对于旧的中苏友好同盟条约及其他问题交换了意见，取得了在重要问题上的一致意见，而不涉及详细内容，实际上把这个问题拖几年再说。这样做，中国外长周恩来当然不要来。第三个办法是，两国签订一个声明，内容说到两国关系的要点，但不是条约。这样做，周恩来也可以不来。当毛泽东详细分析了这三种办法的利害之后，莫洛托夫随即说，还是第一种办法好，周恩来可以来。毛泽东又不放心地追问道：是否是以新的条约代替旧的条约？莫洛托夫肯定地说：是的。随后，他们便一起计算起周恩来何时可以到、何时可以签约、何时可以回国等。他们还谈到了毛泽东外出参观和同苏联各负责同志谈话等问题。当晚 11 时，毛泽东给国内起草了一份电报，高兴地通报了最新的情况进展："最近两日这里的工作有一个重要发展。斯大林同志已同意周恩来同志来莫斯科，并签订新的中苏友好同盟条约及贷款、通商、民航等项协定。"同时指示国内："请于五天内准备完毕。希望恩来偕同贸易部长及其他必要助手和必要文件材料，于一月九日从北京动身，坐火车（不是坐飞机）来莫斯科，由董必武同志代理政务院总理。"①

过了 5 个小时，1 月 3 日凌晨 4 时，兴奋的毛泽东又追加起草了一份给中央的电报，嘱咐"恩来同志出国来苏须在政务院会议正

①《建国以来毛泽东文稿》第一册第 211—212 页。

式通过，并报告此行系为谈判及签订新的中苏友好同盟条约”等。“此外，还应约集政府委员之在京者开一座谈会作同样报告。在两次会议上，应指出这一行动将使人民共和国处于更有利的地位，使资本主义各国不能不就我范围，有利于迫使各国无条件承认中国，废除旧约，重订新约，使各资本主义国家不敢妄动。”[①]1 月 5 日晚 9 时，毛泽东在给中共中央的电报中，又细心地嘱咐：“改订中苏条约等项问题在政务院会议及政府委员会讨论时，请嘱到会人员保守机密。”[②]

8 参观苏联各地

在等待周恩来的这段时间里，心情好起来了的毛泽东开始到苏联各地参观，并同苏联有关领导人进行接触。

1 月 11 日，毛泽东在中国驻苏联大使王稼祥的陪同下，到莫斯科红场拜谒了列宁墓。毛泽东向列宁墓献了花圈。花圈的缎带上用中俄两种文字写的是：“献给列宁——革命的伟大导师。毛泽东。1950 年 1 月 11 日。”

这一天，毛泽东还拜会了苏联最高苏维埃主席团主席什维尔尼克。

1 月 15 日，毛泽东到列宁格勒访问，参观了艺术馆、基洛夫机器制造厂、卫国战争中列宁格勒战线的防御工事和十月革命时炮击冬宫的阿芙乐尔号巡洋舰。晚上，还到基洛夫歌剧院看了一场芭蕾舞，剧目是《巴亚捷尔卡》。

在列宁格勒，毛泽东还驱车行驶在波罗的海的冰层上，并下车举目遥望十月革命的策源地之一——喀琅施达得要塞。在一米多厚

①《建国以来毛泽东文稿》第一册第 213 页。
②《建国以来毛泽东文稿》第一册第 217 页。

的冰面上，毛泽东高兴地对苏联朋友说：“我的愿望是要从太平洋西岸的海参崴，走到大西洋东岸的波罗的海，再从黑海边，走到北极圈，那时才可以说，我把苏联的东西南北都走遍了。”

1月17日，毛泽东从列宁格勒回到莫斯科。不几天，周恩来等人也到了莫斯科。

9 签订《中苏友好同盟互助条约》

1月22日，毛泽东带着周恩来等人，同斯大林进行了第三次会谈。斯大林一开头就说：我们必须对涉及中苏关系的现有的条约和协定进行修改。因为原条约的基础是反对日本的战争，现在战争已经结束，日本已被打败，因此条约就过时了。这同他第一次与毛泽东会谈时的说法有了根本的改变。毛泽东说：我们应当通过条约和协定巩固我们两国现有的友好关系。在条约中，应当把保证我们两国繁荣昌盛的东西固定下来，而且应当规定必须防止日本侵略的重演。这两点是新条约同现有条约的根本区别。新的条约应当包括政治、经济、文化和军事方面的合作，其中最重要的是经济合作。毛泽东还提出，在新的条约中应当规定就国际问题两国进行协商的内容。斯大林痛快地说，当然要写上这一条。谈完条约问题后，双方又讨论了中长铁路、旅顺口和大连等问题。会谈进行得非常顺利。之后，又进行了新的条约和各个协定的起草工作。为了与过去的条约有所区别，新的条约名称中又加上了“互助”二字。

1950年2月14日，新的《中苏友好同盟互助条约》和其他协定在克里姆林宫签字。毛泽东和斯大林都出席了签字仪式。周恩来和维辛斯基代表本国政府在《中苏友好同盟互助条约》《关于中国长春铁路、旅顺口及大连的协定》《关于苏联贷款给中华人民共和国的协定》上签字。尽管开始斯大林没想搞这个条约，但毛泽东在涉及国家主权和民族利益的重大问题上，从不让步。在毛泽东的坚持下，加上其他因素，毛泽东努力争取的，现在终于实现了；斯大林开始不想给的，现在到底也给了。

仪式结束后，斯大林举行招待宴会，庆祝两国新条约的签订。毛泽东又邀请斯大林出席第二天在中国大使馆举行的答谢宴会。斯大林从不到克里姆林宫以外出席宴会。但这一次，他破了例。这也表明了他对毛泽东这位有骨气、有民族自尊心的中国领导人的尊重。

在完成了一项历史性任务后，1950 年 2 月 17 日，毛泽东结束了对苏联的访问，登上回国的专列，3 月 4 日回到北京。

正像毛泽东在访苏回国后所说的：具有伟大历史意义的新的中苏条约，巩固了两国的友好关系，一方面使我们能够放手地和较快地进行国内的建设工作；另一方面又正在推动着全世界人民争取和平和民主反对战争和压迫的伟大斗争。这就是毛泽东坚持签订《中苏友好同盟互助条约》的重要意义，也是毛泽东这次走出国门、握手苏联的重要意义。

十、建立新社会

1949 年 9 月 30 日，中国人民政治协商会议全体代表，一致通过了由毛泽东起草的《中国人民政治协商会议宣言》。宣言向全世界庄严宣布：中华人民共和国中央人民政府“将领导全国人民克服一切困难，进行大规模的经济建设和文化建设，扫除旧中国所留下来的贫困和愚昧，逐步地改善人民的物质生活和提高人民的文化生活”[①]。

1 关注文教事业

为了提高人民的文化生活，毛泽东对文化和教育事业给予了高度关注。

在解放天津的过程中，毛泽东特别指示攻城部队：攻天津时除应注意工厂区外，还应注意学校。如果敌人占据学校顽抗，使用劝降方法亦能解决时，则使用劝降方法，以便减少对于学校的破坏程度。

在解放北平过程中，毛泽东也特别指示部队，如要攻城，必须做出精密计划，力求避免破坏故宫、大学及其他著名而有重大文化价值的文化古迹。他甚至要求，即使敌人占据着文化机关，我们也

①《毛泽东文集》第五卷第 348 页。

不要攻击它，而等我们占据了其他城区后，再用谈判及瓦解的办法将其缴械。即使占领北平为此延长许多时间，也要耐心地这样做。他还要求部队对于城区各部分要有精密的调查，要使每一部队的首长完全明了，哪些地方可以攻击，哪些地方不能攻击，绘图立说，人手一份，当作一项纪律去执行。

1949 年 7 月 1 日，毛泽东修改审定了中共中央给中华全国文学艺术者代表大会的贺电，贺电说：在革命胜利以后，我们的任务主要地就是发展生产和发展文化教育。他把发展文化教育当作新的人民共和国两大主要任务之一。

李达是党的一大代表。湖南解放前夕，李达表示愿意担任湖南省教育厅长。1949 年 7 月 21 日，毛泽东很高兴地把电报批转给周恩来，请周考虑即决定李达任湖南教育厅长，并通知他早日去湖南接管学校。由此可见接管学校、兴办教育当时在毛泽东心目中的地位。

毛泽东对教育的关心，还表现在这样一件小事上。1949 年 6 月 19 日，毛泽东收到北大医学院药学系主任薛愚的一封来信，反映北大医学院与军委有房屋争执。毛泽东阅信后，批示给平津卫戍司令聂荣臻，令军委办公厅朱早观查明处理，并告以结果。批示特意要求他们，“如无大碍，宜让与北大”①。可见，当学校与军队发生争执时，毛泽东优先考虑照顾的是学校而不是军队。

为了发展新中国自己的教育事业，毛泽东和中共中央还请苏联帮助创办一所大学。开始曾考虑建在莫斯科，以便利学习苏联在各项工作中和资产阶级不同的一套学说和制度，但经费由中国承担。后经反复考虑，1949 年 8 月 7 日，毛泽东又致电秘密访苏的刘少奇，确定中国大学设在北平，由苏联派教授。这就是后来在华北大学的

① 《毛泽东年谱》（1893—1949）修订本下卷第 520 页。

基础上创办的中国人民大学。

在教育事业中，毛泽东很重视理论和思想教育。1949年7月26日，华北人民革命大学校长刘澜涛、副校长胡锡奎对该校举办的12000名新学生短期班的教育经验作了总结，介绍说，平津解放后，该校采取大量招收与严肃改造知识分子的方针，以历史唯物主义为中心，结合学生的思想实际，进行马列主义基本理论和思想教育，并让学生参加一定体力劳动的锻炼，把理论学习作为改造思想的武器，把改造思想作为理论学习的直接目的，逐步使学生确立革命的人生观。毛泽东看到这个经验后，专门致电各中央局、中央分局和各野战军前委，转发这一经验，请他们注意这个经验，把这个文件转发给所属学校的负责人，并在党内刊物上发表，以资传播和仿效。毛泽东特地说：我认为这个总结里所说的方针和方法是正确的。

新中国成立前夕，毛泽东主持制定的政协《共同纲领》，规定人民政府的文化教育工作应以提高人民文化水平、培养国家建设人才，肃清封建的、买办的、法西斯主义的思想，发展为人民服务的思想为主要任务。

1949年10月15日，毛泽东写信给湖南省委第一师范学校校长说：大难甫平，民生憔悴，须有数年时间，方能恢复人民经济，完成土地制度的改革及提高人民政治觉悟水平，这些任务均有待于文教工作的协助。

1949年10月，中央人民政府成立了教育部。12月23日，又召开了第一次全国教育工作会议。会议贯彻毛泽东关于改革教育事业的思想，明确了全国教育工作的总方针。会议提出，以老解放区教育经验为基础，吸收旧教育有用经验，借助苏联经验，建设新民主主义教育。教育应着重为工农服务。之后，全国进行了文教事业的改造，私人学校和教会学校相继改为公立学校，学制和课程也相应进行了改革，一个有利于广大劳动人民文化水平提高、工农干部的深造和国家建设人才培养的人民教育事业逐步建立起来。

2 净化社会风气

为了扫除旧中国所留下来的贫困和愚昧，毛泽东向旧的社会恶俗进行了开战。

新中国成立初期，毛泽东白天在中南海办公，晚上还住在香山。有一天晚上，他的车子在一个胡同口，被一群吵吵嚷嚷的人阻断了去路。原来这是一个妓院老鸨带一帮打手在打一个不愿接客的小妓女。

在人民当家做主的新社会，毛泽东绝不能容忍这种现象继续存在。

公安部根据毛泽东的意愿，决定先在北京封闭妓院。

北京的妓院，在明清时期就有了规模，到新中国成立时，仍有220多家，共有妓女1200多人。

封闭妓院是件好事，但也有一个形成社会共识的问题。毛泽东打电话告诉罗瑞卿说，望向各界群众解释，并防止反革命分子的破坏，协助政府把这件事完全办好。

按照毛泽东的指示，公安部长罗瑞卿于1949年11月12日，在北京市公安局集体办公会议上说：采取封闭妓院的行动，不是公安部门的单方面行动，这样做一定要通过人民代表会议，他们做出决定后再办。

11月21日下午，北京市第二届各界代表会议在中山公园中山堂召开。会议通过了封闭北京所有妓院的决议。市委书记彭真、市长聂荣臻立即向毛泽东作了报告。毛泽东听完汇报后，对他们说，这个决议好，应立即执行。

下午5时，取缔妓院总指挥部向行动小组发出了执行命令。当晚8点，北京市2400多名干警，分成27个行动小组，出动37部汽车，分头扑向全市有妓院的5个城区和东郊、西郊。卫生部的一个消毒组带着消毒品和药品，也同时出动。

到午夜12点，各行动小组将全部妓女集中到设置在韩家潭的8个妇女生产教养院。妓女迁走后，干警对妓院的财产进行了登记，并在门口贴上“北京市人民政府1949年封”的长封条。到22日凌晨5时，北京市封闭妓院行动利落完成，所有妓院全部封闭。

当罗瑞卿向毛泽东报告了这一情况后，毛泽东十分满意，连连称赞他们干得好，并进一步叮嘱说：要注意做好善后工作，并且继续在全国其他城市采取适当的措施，使全中国的妇女真正当家成为自己的主人。

教养院接收了妓女后，第二天就给她们检查身体和治病，对她们进行教育。对有家可归的，发放路费遣送回家；对有对象者帮助其结婚；对年幼者送进学校学习；其余人员则安排学习生产技术。妓女们通过学习改造获得了新生。

北京的禁娼取得成功后，其他大城市也陆续采取了措施。很快，公开设立的妓院在中国大地上不见了踪影，禁娼斗争取得了全面的胜利，社会风气大为净化。

3 改革婚姻制度

旧的婚姻制度不仅把大多数妇女投入苦难的深渊，而且严重阻碍了社会的发展。

新中国成立前夕，由毛泽东审定的《政协共同纲领》就已指出：“中华人民共和国废除束缚妇女的封建制度，实行男女婚姻自由。”

新中国成立后，为了把《共同纲领》的这些内容落到实处，毛泽东又建议和支持有关部门通力合作，起草制定一部新的《婚姻法》。

在各部门的共同努力下，1950 年 3 月，新《婚姻法》的草案基本完成。在几经讨论修改的基础上，毛泽东亲自主持了联席座谈会。参加的人员有：中央人民政府委员会的委员、政务院的委员、政协全国委员会的委员等。毛泽东在会上充分肯定《婚姻法》的起草体现了群策群力，体现了集体智慧。他诚恳地鼓励大家充分地展开讨论，将自己的建议提出来，不要有所保留。

经过充分的、反复的讨论修改，中央人民政府委员会第七次会议讨论通过了新中国的第一部法律——《婚姻法》，1950 年 4 月 30 日，毛泽东签发了主席令，宣布《中华人民共和国婚姻法》于 1950 年 5 月 1 日起公布施行。

为了保证这部法律的实施，毛泽东还于当天签发了《中共中央关于保证执行婚姻法给全党的通知》，号召全体共产党员在执行新《婚姻法》时要起到先锋模范作用。

婚姻家庭制度是社会的一个极其重要的方面。《婚姻法》的贯彻实施，解除了封建主义婚姻家庭制度对人们的束缚，广大人民尤其是广大妇女的合法权益得到了切实的保障，旧的、不合理的、束缚人性、摧残人性的婚姻家庭关系得到了根本废除，许多新的社会进步、社会文明、社会风气由此而产生，中国的社会面貌又发生了一个极其重大的新变化。这是中国几千年社会大变动中具有标志性意义的一项。

4 根除匪患

旧中国是一个土匪横行、匪患不绝的社会。新中国成立后，毛泽东即对剿匪问题作了初步部署。1949 年 11 月 14 日，他致电西北局，要求他们“大力剿匪”①。12月18日，毛泽东在给四野领导人的电报中，又命令“四野入桂各军休息二十天，大部分散剿匪”②。

人民解放军的剿匪，如同捅了马蜂窝。藏匿各地的土匪们纷纷发起武装暴乱，包围、袭击我军队和地方各级政权，杀害我军政人员和无辜群众，他们甚至提出“赶走共产党，三年不纳粮”的口号，妄图煽动群众，推翻新生的人民政权。

1950年3月，刚从苏联访问回来的毛泽东，面对各地发生的匪情，毅然决定发动大规模剿匪。他在给湖南人民军政委员会顾问刘揆一的信中坚定地提出“匪祸必剿，首恶必办，是为定则”③。他指令中央军委尽快拿出剿匪意见。根据毛泽东的指示，3月16日，中共中央、中央军委向全党、全军发出了《剿灭土匪，建立革命新秩序》的指示，提出，剿灭土匪，是当前全国革命斗争不可超越的一个重要阶段，是建立和恢复我各级地方人民政权，以及开展其他一切工作的必要前提，是彻底消灭蒋介石国民党在大陆的残余武装，迅速恢复革命新秩序的保证。

在剿匪过程中，毛泽东曾多次电令各地，向中央报告剿匪情况。凡各地送来的剿匪报告，毛泽东废寝忘食、夜以继日地加以批阅，同时还不断向有关地区发出指示或批转剿匪经验。对一些行动迟缓、剿匪不力的地区，毛泽东更是亲自派人，严加督导，直至局面改观。

中南地区在1949年全面进剿股匪后，1950年土匪活动又有恢复蔓延之势。毛泽东命令中南军区总结经验，制定正确的作战方针。在中南剿匪取得辉煌战果后，毛泽东又电令有关领导人，对桂粤湘三省剿匪仍望加紧督促，务于5月31日以前彻底完成剿匪任务。

当广西剿匪出现反弹时，毛泽东电令华南分局第一书记叶剑英

①《建国以来毛泽东文稿》第一册第138页。
②《建国以来毛泽东文稿》第一册第190页。
③《毛泽东书信选集》第354页。

迅即前往，并在那里留驻几个月，重点限期肃清土匪，确有成绩然后回来，否则不要回来。当叶剑英向毛泽东报告剿匪成绩时，毛泽东高兴地复电说，广西剿匪成绩甚大，我及中央同志都很高兴，同时提出更高的要求：必须把一切股匪、潜匪肃清，一切匪首捉起，一切非法枪支起掉。

经过三年多的大规模彻底清剿，历史上长期不绝的匪患，从中国大地上消失了。毛泽东不无自豪地说："这一切只有在新中国成立后才成为可能，只有人民的军队才能竭尽全力剿灭匪患。"

5 实现各民族大团结

中国是一个多民族社会，维护各民族的团结对中国至关重要。

在筹建新的人民共和国时，毛泽东和中国共产党人面临着一个重要的选择：新的人民共和国是实行民族自决呢？还是实行民族自治呢？

民族自决这个口号，历史上苏联领导人列宁和中国领导人孙中山都曾提出过，过去我们党也赞同过。但当形势已经发生根本变化时，特别是在有人想分裂我们的西藏、台湾甚至新疆的情况下，出于维护中华大家庭的团结友爱和中华民族的统一大业，防止帝国主义分子和各少数民族中的反动分子破坏中国统一的考虑，毛泽东毅然作出了新的历史性抉择，提出了以民族自治代替民族自决的原则。在新中国成立前夕起草《共同纲领》时，毛泽东提出：要考虑到底是搞联邦制，还是搞统一共和国，实行少数民族自治。毛泽东和中共中央决定实行民族区域自治而不实行联邦制。

经过中共中央同各方面人士的充分协商，1949 年 9 月 29 日中国人民政治协商会议全体会议通过的《共同纲领》明确规定："各少数民族聚居的地区，应实行民族的区域自治，按照民族聚居的人口多少和区域大小，分别建立各种民族机关。”

根据这一规定，新中国成立以来，全国共成立了5个民族自治区，30个民族自治州，120个民族自治县（旗），1170多个民族自治乡。实行区域自治的少数民族人口占其总人口的3/4。55个少数民族不但同人口众多的汉族一样在社会上享有高度的各种普通权利，而且还比汉族享有更多的一些特殊权利。在毛泽东和中国共产党人的努力下，历史上从来没有真正实现过的民族平等在新中国实现了，各族人民平等友爱、团结互助地生活在祖国大家庭中。民族区域自治已经成为中国一项基本的社会政治制度，对于维护国家统一、增进民族团结，促进社会稳定与进步，起着十分重要的作用。历史不断地证明：毛泽东在新中国成立前的这项历史性决策是多么的正确、多么的英明，它对中国的长远发展又是多么的重要、多么的不可缺少！

为了保证民族团结的实现，毛泽东指示要大量吸收少数民族人士参加各级政权机关，并大力培养少数民族干部。

1949年11月14日，毛泽东特地指示西北局：除了要在一切工作中坚持民族平等和民族团结政策外，各级政权机关均应按各民族人口多少，分配名额，大量吸收回族及其他少数民族能够和我们合作的人参加政府工作。毛泽东认为：要彻底解决民族问题，完全孤立民族反动派，没有大批从少数民族出身的共产主义干部，是不可能的。因此，他还指示，要大批培养少数民族干部。在毛泽东的指示下，大批民族干部被培养起来，他们在工作中不断成长起来，成为民族自治地区的重要领导人和主体干部队伍。

为了促进民族团结，毛泽东十分重视做少数民族上层人物的工作。

1949年11月23日，毛泽东亲自起草给西藏宗教领袖之一班禅额尔德尼的电报，希望班禅先生和全西藏爱国人士一致努力，为西藏的解放和汉藏人民的团结而奋斗。

之后，毛泽东又采取了一系列措施，争取西藏地方政府派代表来北京谈判西藏和平解放，并亲自审定和修改了谈判的十项基本条件。其中第八项原来内容为：“有关西藏的各项改革事宜，完全根据西藏人民的意志，由西藏人民采取协商方式加以解决。”毛泽东在“由西藏人民”后面，特意加上“及西藏领导人员”七个字，体现出他对西藏上层人员的尊重和重视。

后来，毛泽东又以通信或面谈的方式，亲自做达赖、班禅等西藏上层领导人物的工作，促成了达赖与班禅的共同来京与共同回藏领导筹备西藏自治区成立的事宜，结束了历史上达赖与班禅两大藏传佛教领袖长期不团结的现象，促成了藏民族的大团结，也促成了藏民族同中华民族的大团结。中华人民共和国成为一个各民族互相团结友爱、共同繁荣进步的新社会。

十一、树立新楷模

1 再提“艰苦奋斗”

1949年10月26日，毛泽东在接到延安的同志们写来的贺函后，给延安的同志们和陕甘宁边区的同胞们写了一封回信，信中除了希望延安人民迅速恢复战争的创伤，发展经济建设和文化建设外，还希望“全国一切革命工作人员永远保持过去十余年间在延安和陕甘宁边区的工作人员中所具有的艰苦奋斗的作风”。①

艰苦奋斗，是中国共产党在革命战争时期的本色。但是，革命胜利了，全国解放了，我们党的许多干部从农村进到城市了，我们还能不能保持这个本色，坚持这个传统呢？这对中国共产党极为重要。

还在全国解放的前夕，在党的七届二中全会上，毛泽东就向全党发出“两个务必”的号召，其中之一就是：“务必使同志们继续地保持艰苦奋斗的作风。”

现在，全国解放了，毛泽东又一次向全国的一切革命工作人员发出保持艰苦奋斗作风的号召，这足见毛泽东对这一问题的高度重视。

①《建国以来毛泽东文稿》第一册第96页。

2 “安贫者能成事”

毛泽东不但号召全党保持艰苦奋斗的作风，而且他自己带头勤俭朴素，艰苦奋斗，以身作则，示范天下。

1949年刚进北平时，毛泽东坚持住在香山而不住进中南海，只是白天在中南海办公。为了召开新政协筹委会，中南海勤政殿被修缮一新。一天，毛泽东在中南海散步，走到了勤政殿门口，对随从人员说：“就要在勤政殿里开会了，咱们进去看看吧。”

有关负责人向毛泽东介绍了勤政殿和怀仁堂维修的情况，说：“过去，国民党在这里搞得乱七八糟，要彻底清理才能使用。勤政殿和怀仁堂的维修，都照您的意见，注意了少花钱多办事。”

毛泽东称赞他们说：“开好会，少花钱，这也算支援前线呀。”

1949年6月，在民主人士中德高望重的民盟中央主席张澜老人，应毛泽东邀请到达北京，前来参加新政协会议。毛泽东决定第二天就去会见他。但觉得应该穿件像样的衣服，以表示尊重。他吩咐卫士找一件好衣服。

但是，卫士在毛泽东的“存货”里，挑了又挑，竟然找不出一件不带补丁的衣服，所以只好向毛泽东报告了，并且说：“主席，咱们真是穷秀才进京赶考了，一件好衣服都没有。”

毛泽东听了说：“历来纨绔子弟考不出好成绩。安贫者能成事，嚼得菜根，百事可做。衣服有补丁不要紧，整齐干净就行。张老先生是贤达之士，不会怪我们的。”就这样，毛泽东穿着打补丁的衣服到北京饭店看望了张澜。

过了不久，毛泽东又在家中设宴招待张澜。席上并没有山珍海味，只有普普通通的四菜一汤，外加豆腐、豆芽。

席间，毛泽东对张澜说：“我没有好酒好菜招待你。我们共产党人最注重勤劳节俭。”这使张澜非常感动，回家后高兴地向家人介绍了这些情况，并感慨地说：“共产党真是为国为民的党，勤劳节约，真是他们的伟大之处！我们每个人都要认真学习。”

1949年11月，北京的天气变冷了。一天夜里散步时，寒气把毛泽东冻得打寒战。警卫员劝他回去加件毛裤，毛泽东同意了。但是，当警卫员找出毛泽东的旧毛裤时，发现不但已经有了好多补丁，而且还又破了，便说：“这条毛裤实在无法再穿了，补丁压补丁，又厚又沉，又不暖和，我到管理科给你领件新的吧。”毛泽东摇摇头说：“不用，毛裤穿在里边，外边还要套裤子，也没什么好看不好看，还是麻烦你再给修补修补吧。”警卫员还是劝他换新的。他耐心地对警卫员说：“不论是谁都要注意节约，不能浪费一分钱。当主席也不能比别人特殊，现在我们国家还困难，很多群众还吃不上穿不上，连我这样的旧毛裤也没有啊。”警卫员没办法，只好拿出针线，继续缝补那条旧毛裤。

3 对自己不特殊

毛泽东对自己要求严格，不仅体现在带头勤俭节约、艰苦奋斗上，而且体现在时时处处不利用特权搞特殊上。

1949年春天从西柏坡进京途中，当毛泽东的车队来到涿县城门口时，持枪哨兵挡住了汽车不让进城。卫士下车向哨兵解释说：“这是首长的汽车，有紧急任务，请你们不要挡车。”哨兵说：“那也不行，没有我们领导的命令，不管你是谁，就是毛主席来了也不行。我们要执行命令。”然后，一个哨兵进城找他们的领导去了。毛泽东对卫士们说：“他们做得好，不要紧，我们可以等一等。”直到城里的领导跑来让哨兵放行，毛泽东的车才进入城内。

1949年10月1日，在天安门城楼上，从午后到晚上，已经站了几个小时，尽管已经很累，但毛泽东一步也没离开主席台。有些领导人劝他到休息室去休息一下，经过几次动员，他才进了休息室。可是进去刚点上一支烟，喝了两口茶，周恩来就走进来跟他说："你刚刚离开了主席台，游行的群众看不见你，他们都停下来不前进了。"毛泽东高兴地说："好吧，疲劳也得去啊！"于是又走到了主席台。

看到毛主席太累了，服务人员从屋里拿出一个凳子，请他坐下休息。毛泽东微笑着朝服务员摆摆手，他不愿意在开国盛典这样庄重的场合有任何特殊。

4 对子女不特殊

毛泽东不但自己不特殊，而且也不让子女特殊。

李讷是毛泽东格外疼爱的小女儿。每当紧张工作之余，毛泽东的休息就是抱着李讷，或由李讷拖他出去散步。然而，就是对这样亲的小女儿，毛泽东也不让她同自己一起吃公家的小灶。

新中国成立后，李讷的阿姨向毛泽东提出说："主席，让李讷跟你们一道吃饭吧！"毛泽东做出一个手势断然说："不要跟我，还是你带她一起吃大食堂吧。"

毛岸英是毛泽东的大儿子，他和刘思齐认识后想马上结婚。当他向父亲提出来时，毛泽东让他暂时不要结婚，等过一段时间再结。毛岸英执着地说："我自己的事还是让我自己作主吧。"毛泽东说："你找谁结婚由你作主，结婚年龄不到你做得了主吗？那就要由制度和纪律作主。"毛岸英争辩说："岁数不到就结婚的人多着呢。"毛泽东重重地说："谁叫你是毛泽东的儿子呢？我们的纪律你不遵守谁遵守！"

就这样，又过一年，毛岸英才和刘思齐举行了婚礼。

婚礼举办前，毛岸英去向父亲报告。毛泽东问："你们准备怎么办婚事呀？”毛岸英说：“我们商量了，越简单越好。我们都有随身的衣服，也有现成的被褥，不用花钱买东西。”毛泽东听了高兴地说：“结婚虽然是大喜事，但还是应该艰苦朴素。你们结婚是一辈子的大事呀，我请你们吃顿饭，你们想请谁就请谁。”

1949年10月15日，毛岸英和刘思齐在中南海举办了婚礼。请来参加婚礼的有周恩来、邓颖超夫妇，李富春、蔡畅夫妇，朱德、康克清夫妇，谢觉哉、王定国夫妇，刘少奇、王光美夫妇，还有刘思齐的妈妈张文秋。大家都夸岸英和思齐是一对好夫妻，都举杯祝贺毛泽东找了一个好儿媳。毛泽东举杯向大家表示感谢，并对大家说：“孩子的婚事没有要我操心，也没买这买那。吃了饭，请你们到他们的新房里去看看。”

婚礼结束后，毛泽东拿出随身带来的一件黑色夹大衣，这是他四年前，去重庆谈判时穿的。毛泽东笑着对儿子、儿媳说：“我没有什么贵重礼品送给你们，就这么一件大衣，白天让岸英穿，晚上盖在被子上，你们俩都有份。”在场的人都大笑起来。

这就是共和国主席为儿子举办的婚礼，这就是共和国最高领导人送给自己孩子的结婚礼品。

毛岸英结婚后仅仅几个月，美国人就把战火烧到鸭绿江边，中国人民被迫派出志愿军去朝鲜保家卫国。

当毛泽东为即将出任志愿军司令员兼政委的彭德怀举行家宴送行时，他对彭德怀说：“岸英想跟你去打仗，要我批准，我没有这个权力哟。你是司令员，就收下他这个当兵的吧！”

彭德怀说：“主席，我这个司令还是你封的，我哪能到主席家里招兵买马呀！”

毛泽东说：“岸英会讲俄语、英语，你到朝鲜，免不了要跟苏联人、美国人打交道啊！你就收下他吧。”

彭德怀只好说：“那就让岸英当我们的翻译官吧。”

这时候，离新中国成立刚刚一年，人人都渴望远离战火，置身和平的环境中。但是，在国难当头，需要有人到战火中去冲锋、去打头阵的时候，共和国主席毛泽东没有特殊，他把自己的儿子推上了前线；共和国主席的儿子毛岸英也没有特殊，他挺身而出，去上战场、去上前线了。

1950 年 10 月 23 日，毛岸英从长甸河口渡过鸭绿江，踏上了烽火连天的朝鲜战场。

一个月后，1950 年 11 月 25 日，在美军飞机的轰炸中，毛岸英不幸遇难，年仅 28 岁。年轻的共和国之子为了保卫年轻的共和国，牺牲在了异国的土地上。

消息传回国内后，周恩来指示先瞒着毛泽东，他怕毛泽东受不了这个沉重的打击。

一天，毛泽东在阅读来自朝鲜前线的报告时，看着看着发火了，说："把岸英调回来，怎么把材料写成这个样子，不但没进步，反而退步了。"

工作人员看实在瞒不下去了，便哽咽着告诉他岸英牺牲的情形。

毛泽东在沙发上呆呆地坐了半天，一句话说不出。他想拿茶几上的烟，几次都没把烟从烟盒里抽出来。卫士帮他点燃了烟，在烟雾中，警卫人员发现毛泽东的眼圈红了，眼眶湿了……

在吸了两支烟后，毛泽东把烟头熄灭在烟缸里，声音沙哑地叹息说："谁叫他是毛泽东的儿子呢？"

接着，他又站起来，对身边的人员说："革命战争总是要付出代价的。岸英尽了一个共产党员应尽的责任。不能因为他是我的儿子，就不应该为中朝两国人民的共同事业而牺牲。世上哪有这样的道理呀！哪个战士的血肉之躯不是父母所生呢？"

"青山处处埋忠骨，何必马革裹尸还。"按照毛泽东的意愿，毛岸英的遗体至今一直安葬在朝鲜平安南道桧仓郡的中国人民志愿军烈士陵园中。这里共安息着134名中华儿女。毛岸英的墓在前排正中，墓碑背面的铭文第一句写道：“毛岸英同志原籍湖南省湘潭县韶山冲，是中国人民领袖毛泽东同志的长子。”

由此，朝鲜人民世世代代都知道，中国人民领袖毛泽东的长子为了朝鲜的民族解放事业，长眠在了异国他乡；中国人民世世代代都知道，自己的领袖毛泽东为了国家的安全与和平，舍出了儿子的年轻生命。为了中朝人民的友谊，他把儿子的遗体也无私地永远留在了邻国的土地上。这样的领袖，怎么不令人无限钦佩和爱戴呢？

5 对亲属故旧不特殊

毛泽东对自己不特殊，对子女不特殊，对亲属故旧也不特殊。

1949年8月长沙解放后，毛泽东的妻兄杨开智从长沙给毛泽东写了一封信，有意让毛泽东为自己在长沙安排个好的职位。8月10日，毛泽东给他复信，没有同意他的要求。信中在作了问候并介绍了家中情况后说：“兄从事农场生产事业甚好，家中衣食能过得去否，有便望告。”[①]尽管杨开慧作为革命烈士牺牲了，杨开智的女儿杨展也在8年前为华北抗日战争献出了生命，照顾烈士的家人完全合情合理，但是，毕竟杨开智有着自己的妻兄这一层关系，所以，毛泽东在信中肯定并暗示让他继续从事原来的农场生产事业，而没有给他安排什么职务。

不久，杨开智又要求来京找毛泽东为他安排职务。10月9日，毛泽东一面致信杨开智：“希望你在湘听候湖南省委分配合乎你能力的工作，不要有任何奢望，不要来京。湖南省委派你什么工作就做什么工作，一切按正常规矩办理，不要使政府为难。”[②]同时，

①《毛泽东书信选集》第330页。
②《毛泽东书信选集》第343页。

毛泽东又致电长沙军管会副主任王首道："杨开智等不要来京，在湘按其能力分配适当工作，任何无理要求不应允许。"①

毛泽东为什么要这样做？我们今天的人如作过多评论，难免有揣测之嫌。那么，我们用毛泽东的长子毛岸英的一封信来作解释吧！

杨开智在给毛泽东写信没有得到照顾后，毛泽东的表兄也就是毛岸英的表舅向三立，又给毛岸英写信，表达了岸英舅父杨开智的想法。1949年10月24日，毛岸英给向三立回了一封3000多字的长信。其中他这样写道：

"来信中提到舅父'希望在长沙有厅长方面位置'一事，我非常替他惭愧。新的时代一步登高的'做官'思想已是极端落后的了，而尤以为通过我父亲即能'上任'，更是要不得的想法。新中国之所以不同于旧中国，共产党之所以不同于国民党，毛泽东之所以不同于蒋介石，毛泽东的子女妻舅之所以不同于蒋介石的子女妻舅，除了其他更基本的原则以外，正在于此：皇亲贵戚仗势发财，少数人统治多数人的时代已经一去不复返了，靠自己的劳动和才能吃饭的时代已经来临了！"②

"关于抚恤烈士家属问题，……请你记住我父亲某次对亲戚说的话：'生活问题要整个解决，不可个别解决。'……意思是说应当与广大的贫苦大众一样地来统一解决生活困难问题，……不要指望一下子把生活搞好，比别人好。"③

古话说：知子莫若父。这里倒过来套用这句话可能更合适：知父莫若子。毛泽东没有像历史上的许多人物那样，"一人得道，鸡犬升天"，其道理在毛泽东之子毛岸英的这封信里说得多么透彻呀！

---

①《毛泽东书信选集》第342页。

②何虎生编著《毛泽东初进中南海》第609页，中共党史出版社出版。

③何虎生编著《毛泽东初进中南海》第611页。

除了杨开智，还有好多家乡的亲友故旧，在湖南解放后，纷纷写信给毛泽东，要求特殊照顾，安排工作。当时，毛泽东身边的工作人员告诉他说：人民政府各机关部门，由于工作需要，招收了许多新人。也有许多老干部的家属和亲朋来了，只要历史上没有什么问题，一介绍也就参加工作了。但是，毛泽东却说：别人的亲友可以，但我的亲友不行。作为共产党的主席，我要树立一种风范。毛泽东对秘书说：我们共产党的章法，决不能跟蒋介石他们一样，搞裙带关系，一个人当了官，沾亲带故的人都可以升官发财。如果那样下去，就会脱离群众，就会和蒋介石一样早晚要垮台。他交代秘书，处理亲友一般来信的原则是：凡是要求到北京来看我的，现在一律不准来，来了也不见。凡是要求我给安排什么工作的，一律谢绝，我这里不介绍，不推荐，不说话，不写信。

毛泽东是这么说的，也是这么做的。

长沙解放后，早年曾和毛泽东一起在新军中当过兵的战友毛煦生，先后三次写信给毛泽东，要求来京。1949 年 11 月 15 日，毛泽东亲笔复信说："先生仍以在乡间做事为适宜，不要来京。家计困难，在将来土地制度改革过程中可能获得解决。"①

毛森品是毛泽东在湖南湘乡县立东山学校读书时的同学，后来又一同进入长沙湘乡驻省中学学习，两人关系很好。新中国成立后，毛森品先后两次写信给毛泽东，希望毛泽东向有关方面给他推荐工作。毛泽东亲笔回信，加以婉拒，信中说："吾兄出任工作极为赞成，其步骤似宜就群众利益方面有所赞助表现，为人所重，自然而然参加进去，不宜由弟推荐，反而有累清德，不知以为然否？"②

①《毛泽东书信选集》第 351 页。
②《毛泽东书信选集》第 356 页。

6 特殊礼待民主人士

毛泽东对亲戚故旧不特殊照顾，但对一些有德望的党外人士却格外关心照顾。

1949年夏天，77岁的张澜老人到北京后，坚持要到香山毛泽东住地来看望毛泽东。毛泽东得知后，亲自派车去接，并嘱咐司机说："爬坡时慢一点、稳一点，那是一件珍贵的文物，可千万别碰碎了。"当张澜乘坐的车子到来刚刚停下，毛泽东迎上前去，亲手打开车门，搀扶张澜下车、进屋，并把他让到客厅的正面沙发上就座。

程潜在湖南起义后，被毛泽东邀请来北京参加全国政协会议。毛泽东专门前去火车站迎接。1949年9月7日晚上，当毛泽东握住刚下火车的程潜的手时，程潜激动得流下眼泪，说不出话来。第二天，毛泽东又专门宴请程潜。9月19日下午，毛泽东又邀请程潜、陈明仁、张元济等人同游天坛。

对程潜的安置，毛泽东也十分用心。他特地把程潜助手程星龄找来商量说："论辈分，程老是前辈，他从事革命时，我们还是学生。看应怎样安排才算妥当。现在中央准备设置中南军政委员会，想委屈程老担任副主席，看能不能屈就。"他坚持让程星龄回去同程潜商量后再答复。程潜听到程星龄转告的这番话后，激动得热泪盈眶。

傅作义在北平和平解放后，专门到西柏坡来见毛泽东。当毛泽东问傅作义想做什么工作时，傅作义说："最好让我回到黄河河套一带去做点水利建设方面的工作。"但出乎傅作义意料的是，新中国成立后，毛泽东不但让傅作义当上了水利部长，而且还让傅作义担任了国防委员会副主席。

1950年淮河发生水灾后，毛泽东专门请傅作义和国民党政府时代在西北治水有功的邵力子先生来谈治淮问题。毛泽东先在工作台上铺纸写下“治淮”两个字。傅作义、邵力子的车刚进院，毛泽东便破例地起身出门迎接。进屋后，邵力子看到桌上的纸和字，开口问毛泽东，主席正在写字呀。毛泽东拿过那张纸，对邵力子说：“我给你这位清朝举人出了个字谜。一个续字谜。”看到二人迷惑不解的样子，毛泽东继续说：“而且，我这个续字谜的谜底只有两个字。”邵力子马上会意道：“方案！”毛泽东哈哈大笑，说：“对，我今天请二位来，就是为治理淮河的方案听听你们的意见的。邵先生当年做过西北王，我们红军刚到陕北时，就听说先生是治水大禹。陕北人民至今还在美传先生治水的事呢。先生若能代我前往淮河考察，那是最好不过的了。傅将军虽然带兵打仗几十年，但博学水利工程，对我国水利情况是了解的。请先生回去后，拟定一个全面的兴修水利的方案来。”后来，傅作义、邵力子都没有辜负毛泽东的期望和重任，为新中国治水事业做出了贡献。

在朝无裙带，在野无遗贤，这是历史上政治清明、社会文明的象征，也是无数志士仁人的理想。毛泽东领导下的新中国做到了。毛泽东以自己公正无私的形象示之天下，传之后人，不但使毛泽东的形象不同于中国历史上的其他领导人，也使新中国的形象不同于中国历史上的任何一个朝代。这是新中国为什么充满朝气、蓬勃发展的一个重要原因！

参考文献

1.《毛泽东年谱》(1893—1949)修订本，中共中央文献研究室编，中央文献出版社 2013 年出版。

2.《毛泽东传》（1893—1949），中共中央文献研究室编，中央文献出版社 1996 年出版。

3.《毛泽东传》（1949—1976），中共中央文献研究室编，中央文献出版社 2003 年出版。

4.《毛泽东选集》（第四卷），人民出版社 1991 年出版。

5.《毛泽东文集》（第五卷），人民出版社 1996 年出版。

6.《毛泽东书信选集》，人民出版社 1983 年出版。

7.《中华人民共和国史编年》(1949 年卷)，当代中国研究所编，当代中国出版社 2004 年出版。

8.《中共党史重大事件述实(增补本)》，中共中央文献研究室、中央档案馆《党的文献》编辑部编，人民出版社 2008 年出版。

9.《中共中央移驻西柏坡前后》，中共河北省委党史研究室编，中共党史出版社 1998 年出版。

10.《中国共产党重大史实考证》，中国档案出版社 2001 年出版。

11.《建国以后刘少奇文稿》（第一册），中共中央文献研究室、中央档案馆编，中央文献出版社 2005 年出版。

12.《建国以来周恩来文稿》（第一册），中共中央文献研究室、中央档案馆编，中央文献出版社 2008 年出版。

13.《解放战争时期国民党军起义投诚·冀晋察绥平津地区》，中国人民解放军历史资料丛书编审委员会编，解放军出版社 1996 年出版。

14.《光荣与辉煌——中国共产党大典》，红旗出版社 1996 年出版。

15.《毛泽东初进中南海》，何虎生编著，中共党史出版社 2002 年出版。

16.《新中国向我们走来——国旗、国徽、国歌、国都、国名、纪年诞生纪实》，中央档案馆编，中国档案出版社 1999 年出版。